U0509047

中国工程院院士

是国家设立的工程科学技术方面的最高学术称号，为终身荣誉。

中国工程院院士传记

朱晓东传

共和国培育我成长

吴锡桂　朱晓东　著

人民出版社

1955 年朱晓东和吴锡桂的第一次合影

1956 年协和实习医生班结业

1958 年朱晓东的老师们

1968 年朱晓东在青海医疗防疫队

1974 年吴锡桂在首钢医院

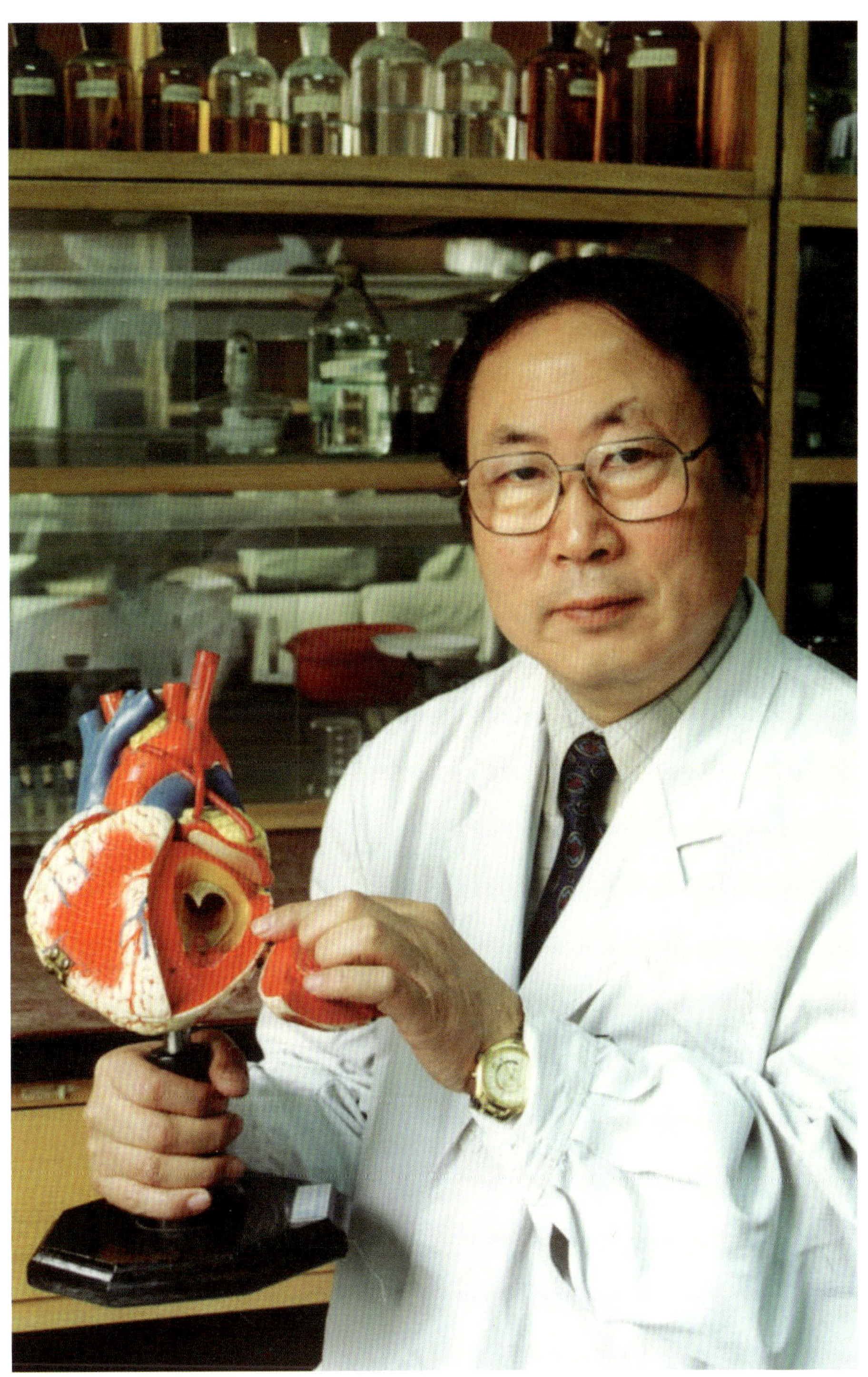

1976 年从事人工心脏瓣膜研究

主持和参加“六五”“七五”“八五”相关的国家攻关项目，这是朱晓东参加国家“八五”医学科技攻关验收会

1997 年，中华胸心血管外科学会与美国胸心外科协会代表团签订合作意向书

阜外心血管病医院建院四十周年庆祝大会（1956—1996）

2004 年，我国主办第 14 届世界心胸外科医师国际会议

吴锡桂获 2009 年心血管流行病学国家科技成果二等奖，排名第二

共享大自然风光

中国工程院院士传记丛书

总 序

20世纪是中华民族千载难逢的伟大时代。千百万先烈前贤用鲜血和生命争得了百年巨变、民族复兴，推翻了帝制，肇始了共和，击败了外侮，建立了新中国，独立于世界，赢得了尊严，不再受辱。改革开放，经济腾飞，科教兴国，生产力大发展，告别了饥寒，实现了小康。工业化雷鸣电掣，现代化指日可待。巨潮洪流，不容阻抑。

忆百年前之清末，从慈禧太后到满朝文武开始感到科学技术的重要，办“洋务”，派留学，改教育。但时机瞬逝，清廷被辛亥革命推翻。五四运动，民情激昂，吁求“德”、“赛”升堂，民主治国，科教兴邦。接踵而来的，是18年内战、14年抗日和4年解放战争。恃科学救国的青年学子，负笈留学或寒窗苦读，多数未遇机会，辜负了碧血丹心。

1928年6月9日，蔡元培主持建立了中国近代第一个国立综合性科研机构——中央研究院，设理化实业研究所、地质研究所、社会科学研究所和观象台四个研究机构，标志着国家建制科研机构的诞生。20年后，1948年3月26日遴选出81位院士（理工53位，人文28位），几乎都是20世纪初留学海外、卓有成就的科学家。

中国科技事业的大发展是在新中国成立以后。1949年11月1日成立了中国科学院，郭沫若任院长。1950—1960年有2500多名留学海外的科学家、工程师回到祖国，成为大规模发展中国科技事业的第一批领导骨干。国家按计划向苏联、东欧各国派遣1.8万各类科技人员留学，全都按期回国，成为建立科研和现代工业的骨干力量。高等学校从新中国成立初期的200所增加到600多所，年招生增至28万人。到21世纪初，高等学校2263所，年招生600多万人，科技人力总资源量超过5000万人，具有大学本科以上学历科技人才达1600万人，已接近最发达国家水平。

新中国成立60多年来，从一穷二白成长为科技大国。年产钢铁从1949年的15万吨增加到2011年的粗钢6.8亿吨、钢材8.8亿吨，几乎是8个最发达国家（G8）总年产量的2倍。20世纪50年代钢铁超英赶美的梦想终于成真。水泥年产20亿吨，超过全世界其他国家总产量。中国已是粮、棉、肉、蛋、水产、化肥等第一生产大国，保障了13亿多人口的食品和穿衣安全。制造业、土木、水利、电力、交通、运输、电子通讯、超级计算机等领域正迅速逼近世界前沿。“两弹一星”、高峡平湖、南水北调、高公高铁、航空航天等伟大工程的成功实施，无可争议地表明了中国科技事业的进步。

党的十一届三中全会以后，实行改革开放，全国工作转向以经济建设为中心。加速实现工业化是当务之急。大规模社会性基础建设，大科学工程、国防工程等是工业化社会的命脉，是数十年、上百年才能完成的任务。中国科学院张光斗、王大珩、师昌绪、张维、侯祥麟、罗沛霖等学部委员（院士）认为，为了顺利完成中华民族这项历史性任务，必须提高工程科学的地位，加速培养更多的工程科技人才。中国科学院原设的技术科学部已不能满足工程科学发展的时代需要。他们于1992年致书党中央、国务院，建议建立“中国工程科学技术院”，选举那些在工程科学中做出重大的、创造性成就和贡献、热爱祖国、学风正派的科学家和工程师为院士，授予终身荣誉，赋予科研和建设任务，请他们指导学科发展，培养人才，对国家重大工程科学问题提出咨询建议。中央接受了他们的建议，于1993年决定建立中国工程院，聘请30名中国科学院院士和遴选66名院士共96名为中国工程院首批院士。于1994年6月3日，召开了中国工程院成立大会，选举朱光亚院士为首任院长。中国工程院成立后，全体院士紧密团结全国工程科技界共同奋斗，在各条战线上都发挥了重要作用，做出了新的贡献。

中国的现代科技事业比欧美落后了200年。虽然在20世纪有了巨大进步，但与发达国家相比，还有较大差距。祖国的工业化、现代化建设，任重道远，还需要有数代人的持续奋斗才能完成。况且，世界在进步，科学无止境，社会无终态。欲把中国建设成科技强国，屹立于世界，必须持续培养造就数代以千万计的优秀科学家和工程师，服膺接力，担当使命，开拓创新，更立新功。

中国工程院决定组织出版“中国工程院院士传记”丛书，以记录他们对祖国和社会的丰功伟绩，传承他们治学为人的高尚品德、开拓创新的科学精神。他们是科技战线的功臣，民族振兴的脊梁。我们相信，这套传记的出版，能为史书增添新章，成为史乘中宝贵的科学财富，俾后人传承前贤筚路蓝缕的创业勇气、魄力和为国家、人民舍身奋斗的奉献精神。这就是中国前进的路。

2012年6月

目 录

第一章

共和国培育我成长

2022年，是我国第一个五年计划实施以来的第66年，是阜外医院创立和发展的第66年，也是我成为医生在阜外医院度过的第66年。真可谓弹指一挥间。半个多世纪以来阜外医院的巨大发展可以说是我国社会主义建设发展的缩影。我在阜外医院这个大家庭里得到温暖，受到教育，经受磨炼，逐步成长，成为一个对社会有用的人，同时也从一个愣头愣脑的小伙子变成了一个退出一线的老人。感慨之余，我很想把经历和感受回顾一番，主要是激励大家，并表达我对阜外医院与共和国的感恩之情，当然也是希望和朋友与年轻同事们交流体会。

一、幼年在民族苦难中流浪

日本帝国主义制造九一八事变，侵占我国东北的次年，1932年我生在河南开封一个中学教师之家。5岁时全国燃起抗日烽火，日本鬼子在南京惨无人道地大屠杀，战火逐渐逼近开封。1938年，我的父亲携带全家逃至豫西伏牛山脉淅川县老家避难，父亲在邻县一所流亡中学继续教书谋生。

我家住在一个不足百户的小山村里，那里十分贫穷落后，每年春荒都有人饿死，夏天偶有小幼儿被狼叼走。村里仅有的医疗条件是一家中药铺兼管号脉看病的中医。朱家祠堂有一所初级小

豫西伏牛山区，河南淅川寺湾老家。

这是朱晓东幼年时期的家，位于河南西部伏牛山脉、淅川县寺湾村，是幼年抗日时期在河南老家住过的房子——在一个不足百户的村庄里，在丹江西岸与湖北省一江之隔。这是离家55年后重返故里所拍照片，仍然保持老屋原貌。此图由南向北拍摄正对北屋，是小弟弟出麻疹死亡之处

学，两位老师和二十来个学生，我9岁时常常带着4岁的弟弟一起到学校，我在教室听课，弟弟在院子玩。这年麻疹流行，弟弟先得上麻疹，数日后我也未能幸免。父亲在外县教书，只有母亲在家照顾两个患病儿子，一面求神，一面喝些汤药，不几天我那可爱的小弟弟不吃不喝发烧昏迷死去，我也发烧呼吸困难，病情危急。母亲号啕大哭埋葬了小儿子，又日夜守护着我。我折腾半个多月，居然命大，慢慢活过来了。母亲每天以泪洗面的情景令我至今记忆犹新。

我10岁那年必须出村到外乡上高小（小学5年级），借住在荆紫关镇的姑姑家，每月要想见母亲就必须自己徒步翻40余里

朱晓东父亲朱建三（1894—1969）和母亲陈玉英（1912—1985）。父亲毕业于武汉大学化学系，终生办学。新中国成立前曾任开封两河中学教务主任，新中国成立后两河中学改名为开封第十三中，该校为重点中学。父亲任十三中校长及开封市第一届政协委员，“文革”前退休。这是他60岁时的照片

的山路。以后因战乱跟随父亲到300里外的镇平县读书，父亲在镇平县流亡的北仓女中任教，我住在父亲宿舍，按中学生作息时间上晚自习。在父亲的严格管教之下生活学习，父亲教我学唱《义勇军进行曲》等抗日歌曲。当时父亲远离家乡，生活困难，前途茫茫，心情郁闷，寄希望于儿子的前程，一心督促我读书。那时我年纪小不知道用功，总是爱玩，上晚自习就打瞌睡。记得有一次父亲看我没做完功课又不听话，非常生气，父亲关上房门，拿起一把尺子（学校老师专用来打学生的板子）就向我打来，父亲一边挥动教鞭一边自己哭泣，当时的印象令我终生难忘。

1944年，我回老家继续在颠沛流离中随家逃难。父亲因战乱交通中断被隔在外地，母亲带着家小逃至陕西亲戚家。我在流亡

至西安的育德中学读初中一年级，不久转入另一所流亡中学——临汝中学，与其说是学校，不如说是难民营，因为可以免交伙食费，谈不上读书。学校里住通铺，卫生条件极差，全身患上疥疮，十分狼狈。直到 1945 年 8 月 15 日日本投降，当时我和母亲住在西安鼓楼附近，我当晚跑到街上挤入全城自发的狂欢人流中欢呼，亲身感受到民族胜利、苦尽甘来的喜悦。这时父亲还远在千里之外的山区教书，几经周折我们全家回到开封才得以团聚。父亲在开封两河中学（高初中男校）任教，并让我重新从初中一年级读起。

二、中学时代

完成中学学业

抗日战争最后一年，我名义上进入初中，实则随校逃亡维持生计，学不到文化知识。抗日战争胜利后父亲让我自初一从头开始学习。1948 年夏，我读完了初中，考上了河南省最好的高中——开封高中（以下简称“开高”）。父亲作为一名老教师把全部希望寄托在儿子的前程上，要我专心在开高读书，然后上大学深造。那时正值解放战争淮海战

朱晓东初中毕业时的标准像

1948 年初中三年级同班同学，图中后排左起第一位是朱晓东，前排中刘宝善也是大学同学

役的前夜，开封位于战场边缘，形势紧张。开封高中由国民党政府迁往江南吴县新校址，我遵照父亲的意见随学校南迁，跟随一批高年级同学断断续续乘火车到达江苏吴县的校部报到。一路上看到国民党白区有大批逃荒的饥民，交通失去控制，许多人趴在火车头的扶手上和火车厢顶上，据说车过隧道时不少人被撞死了。开高迁校至江南，但无法开课。1948 年冬，16 岁的我穿着一件破大衣挤火车，准备到湖南衡山县找我姑姑。到达衡山县城那天，已经天黑，下着蒙蒙小雨，我听不懂湖南话，又累又惊，就在一家商铺的屋檐下蜷缩着过了一夜。我还记得半夜时分有更夫敲着梆子路过时踢了一脚，说是“流亡学生”，然后扬长而去。次日，终于找到姑姑家，我已变成一个又脏又瘦的乞丐模样，姑姑含泪给我“大扫除”一番，安顿下来，得到母亲般的关爱。

到了衡山，我立即报考当地“衡山县第十二中学”高一班，学校秩序还算正常，老师教学认真，这一年学习很有收获。随着全国解放，我于1949年冬返回老家开封，仍回母校开封高中读二年级，直到1950年冬报名参军。

我所接受的6年中学教育完全是在战乱中度过的，辗转数省先后就读于7所学校：河南内乡的育德中学，西安的育德中学，陕西岐山县周公庙的临汝中学，河南开封的两河中学、开封高中，迁至江苏吴县的开封高中和湖南衡山县第十二中学。那时由于颠沛流离，虽然没有良好的读书环境，书本知识学得少了一些，但是我却有机会得到更多的社会知识。对抗日战争、解放战争的动荡不安和老百姓的苦难有了深刻的感性体验，较早地亲身感受到新中国成立前后新旧社会的对比，这些社会体验是我最大的收获，对一生都具有重大影响。

解放战争的生动教育

新中国成立前，在开封两河中学读初中时物价飞涨，父亲的薪水领到手就立即去买口粮，否则当天就贬值。那时流通的货币叫“金圆券”，一小块西瓜卖200万，人民生活艰难。开封城内看到许多难民和乞丐，也碰到过国民党拿枪在街上抓人，还听说在我们学校后面胡同里有人被士兵枪杀。1948年夏，解放军攻打开封，和国民党守军在城内展开激烈巷战。我们学校驻扎有国民党守军，正是巷战的重点地区。当时全城戒严，我和一些同学回不了家，全躲在两河中学宿舍里，枪战时同学们蹲在桌子底下，时不时自窗缝向校园窥探，子弹呼啸着就打在我们窗前。解放军战士从屋顶跳下，攻入学校园区，在枪林弹雨中向前冲锋。边跑边射击，向敌人高喊缴枪不杀，非常勇敢。国民党驻军炸毁我们学校教学楼后逃跑。我们这些学生娃又害怕又崇拜威武的解

开封第十三中学，即原“两河中学”，图中后面的大楼是在 1948 年解放战争中烧毁后重建的

放军。次日，全市解放，解放军打扫战场后暂时撤出开封转战豫东，对市民秋毫无犯。

我考入开封高中后随校南迁，因学校瘫痪衣食无着，到湖南衡山县乡下姑姑家暂住。那时亲眼看到大批向南方溃逃的国民党散兵游勇，竟然变成土匪，到村镇老百姓家抢劫杀人，人人痛恨国民党军队和政府，迫切希望改变那个旧世道。

开封解放后，我重回母校开封高中插班就读，学校转入正轨，社会秩序井然，确实出现路不拾遗、夜不闭户的新局面。我的姨妈是革命老干部，从延安回来探亲，讲述一些共产党八路军的基本知识，给我以崭新的启示。

通过亲身感受到新旧社会一些具体事例的对比，我受到生动深刻的教育。我对中国共产党从内心爱戴，从朴素的感性认识开始有了理性感悟。1950 年由同班同学陈文奇介绍我加入新民主主义青年团。

我的父亲终生从事中学教育，新中国成立后以无党派人士身份任开封市政协委员，“文革”以后，父亲所任教的开封市第十三中学以朱建三的名字命名建立了“建三教学楼”。

三、投笔从戎，成为共和国第一代大学生

1950 年 6 月，朝鲜内战爆发，10 月初，美国把战火烧到鸭绿江边。我国全民动员进行抗美援朝斗争，志愿军入朝作战，同时设立“军事干部学校”，简称“军干校”，招收大批爱国青年以便培训各类军事后备人才。当时开封也和全国一样开展了轰轰烈烈的宣传运动。我们学校的校长杜孟模（新中国成立后曾任河南省副省长）在全校进行形势教育。我和同学们背着家长准备报名参加军干校准备参战。第一批军干校到开封招收空军，我们学校报名白余人，我也报了名，但因查体不合格被淘汰，即使围着校长求他帮助也未成功。不久第二批军干校来招收高中学生为志愿军输送医疗救护人员，我没有犹豫又报了名。那时许多学生家长认

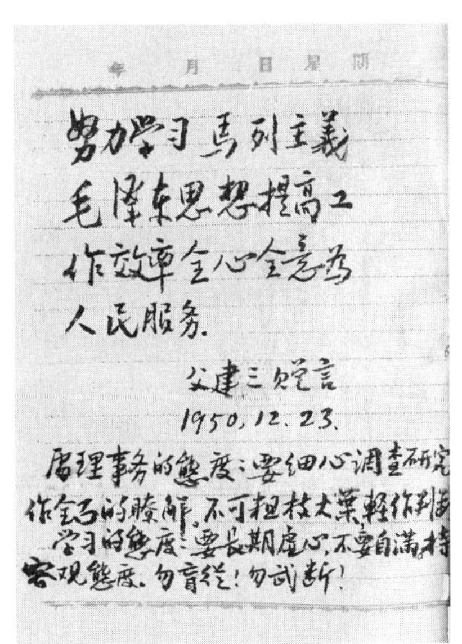
年 月 日 星期

努力学习馬列主義
毛澤东思想提高工
作效率全心全意为
人民服务。

父建三赠言
1950.12.23.

处理事务的態度：要细心调查研究作全面的瞭解，不可粗枝大葉輕作判断。学习的態度：要長期虚心，不要自满，持客观態度，勿盲从！勿武断！

1950 年冬，全国掀起抗美援朝运动，朱晓东报名参军。这是离家之前父亲写给他的训示

为参军入朝作战很危险，个别家长把孩子锁在家里不许参军。我告诉父母后，母亲十分担心，不同意我去军干校，但我们家是父亲说了算，父亲是开封两河中学校长，深明大义，坚决支持我参军。

1950 年冬，我穿上军装，坐上大闷子火车往北方驶去，在火车上我们才被告知是开往哈尔滨，我们这一帮十七八岁的小伙子很兴奋，对开到哪里都无所谓。到了哈尔滨气温零下二三十摄氏度，但室内很暖和。当时国内粮食还不富裕，我们每日三餐吃高粱米，只有礼拜天有一顿白米饭。我的老家河南开封经常吃高粱面窝头所以并不觉得苦。

我所在的军干校共有学生 400 余人，作为军事学员班，由军委委托哈尔滨医科大学代培，成为哈尔滨医科大学学生，按军队标准管理教育。学员主要来自河南、湖北、湖南、上海四地，大家革命热情很高，但并不稳定，有些学员原打算当炮兵不愿学医，也有些从富裕家庭而来的同学一时不适应较艰苦的军事生活。当时学校校长是延安老干部季仲璞，他一方面加强思想教育和形势教育，另一方面对教学配置进行调整，把我们这批代培的军校学员班的革命热情逐步转化为踏实学习文化的行动。学员参军时的文化水平参差不齐，从高中一年级到大学一年级都有。经过考试后

1951 年，朱晓东是哈尔滨医科大学代培的军事干部学校一年级学员，每天出操、上课、排队站着吃饭、做作业，按时熄灯，完全是军事化生活。同学分成 6 个班，又称区队，朱晓东属于第 3 区队，一直到大学毕业

重新分班，从大学参军的学员编为俄文系，突击学习俄语充当苏联专家的翻译。对大学课程学习有实际困难的少数学员编为护理班，大多数学员分作 6 个班学习医疗系课程。当时根据战争的需要，培训具有突击性质，为了提高学习效果，各班根据先进帮后进的原则编成若干“互助小组”，每组 3—4 人，学习功课互帮互学，不仅一起做作业而且交流思想促膝谈心，生活上相互照顾，情同兄弟姐妹，这种纯洁亲密的感情在毕业后 60 余年仍未减弱。学校的季校长和我们军训班学员建立了深厚友谊，后来季校长上调至卫生部工作，仍和我们一直保持联系，2000 年我毕业 44 周年的同学聚会时季校长还亲临讲话。

在哈尔滨医大军队学员班学习期间，特别受到共产党和解放军的优良传统教育。那个时候党风很好，干部十分清廉。中

愉快的学校生活，夏天到哈尔滨松花江北岸太阳岛休息，图中后排左起第三位是朱晓东

哈尔滨医大授课的部分老师，摄于1996年（毕业后40年返校）。左二为傅世英老师，心脏内科教授；左三为于维汉院士，地方病防治专家；左四为赵士杰教授，心胸外科教授。朱晓东毕业后与他们一直保持联系

央枪毙贪污犯刘青山、张子善以及随后的"三反"运动(反贪污、反浪费、反官僚主义)，加深了我对共产党的热爱和崇拜。解放军的优良传统对我的熏陶可以说受益终身。官兵关系、干群关系非常融洽，对于上级下达的任务绝对服从，从不挑肥拣瘦，指哪打哪。在我们毕业时填写的工作志愿中同学们的志愿几乎都一样，就是一句话：服从分配，到祖国最需要的地方去。那时，1956年夏，我和许多同学申请并被批准加入了中国共产党。

1953年朝鲜战争胜利结束，学校军干学员班的任务由准备入朝作战转为迎接我国第一个五年计划，军委决定要按照医学院医疗系本科五年制进行正规教育，为国家培养专家型医务人才。同学们受到巨大鼓舞，随着学习能力和思想认识的提高，互助组的形式不复存在，而是鼓励独立思考，掌握科学的学习方法。我在

学校特别喜欢解剖学，学基础课时担任解剖课代表，学临床课时又任外科课代表，收获很大，对我毕生从事的心脏外科职业起到重要影响。

大学毕业前最后一年是临床实习，同学们分派到全国军事院校做实习医生。当时北京协和医院属于军管单位，接受军队干部培训任务，我很庆幸被分配到协和医院做实习医生。我知道，20世纪50年代我国最高的医学殿堂是北京协和医院，许多医学大师，如内科张孝骞教授、妇产科林巧稚教授、胸心外科吴英凯教授、眼科张晓楼教授、免疫学张庆松教授等都在协和任教。我非常珍惜这个在协和医院做实习医生的机会。1955年冬送到协和的学员来自三个地区，被分为三个班，一个班来自哈尔滨医大代培的军队学员20余人，一个班来自大连医学院代培的军队学员20余人，都是做实习医生，另有一批来自部队基层的老干部10多人行短期培训。他们有各自的学习安排，仅在生活后勤方面合为一个大队。我被任命为生活大队长，负责督促按时起床做早操，那时大家每天晚上从病房回宿舍经常是凌晨一点，只有等到周日，才能一觉睡到中午补偿一周的疲劳。

这是1956年在协和医院做实习医生结业照，当时由来自哈医大的军干班学员和大连医学院的军干班学员组成学员队。朱晓东是学员队的生活队长

1956 年 8 月自哈医大毕业，部队授予朱晓东中尉军衔、副连级

我的实习医生生活既兴奋又紧张，收获很大，压力也很大。在病房随时观察病人，书写正规病历。血尿便常规必须实习医生亲自操作，在上级医生查房时必须背诵病情与检验结果，并提出自己对诊断的分析。协和医风和学风培育着我，使我学习到兢兢业业、认真务实、一切为病人的良好作风。许多年轻医生整天工作在病房，住在楼内值班房，十天半月不见太阳，面色苍白，有人戏称之为“协和脸”。协和医院的科研氛围很浓，临床和各教研室紧密结合不断有所创新，医生们如不在病房就是在图书馆、病案室。我在哈医大上大课只知道记笔记、写作业，很少独立思考，协和的科研精神使我感到新鲜和振奋。但是还有一个沉重压力就是外语能力较差，我在哈医大时学的是俄语而协和只能使用英语，这时我已认识到英语的重要性，毕业后便竭尽全力学习英语。

1956 年夏，在我即将大学毕业之时，正逢中国人民解放军实施军衔制，我们 400 多名军队学员在大学毕业典礼上被授衔。我和大多数学员被授予中尉军衔，仅 3 名优等生授予上尉，10 名授予少尉军衔。同学们兴高采烈，到处照相留念。

四、进入社会，融入阜外医院

阜外医院：吴英恺的创举

1956 年正值我国第一个五年计划的建设高潮，要改变百废待兴的局面。医学领域里心胸外科还相当落后，吴英恺教授作为协和医院的外科主任参考苏联和欧美经验决心创办一所先进的心胸外科专科医院（相当于研究所），这在 20 世纪 50 年代是我国医学学科建设的一项创举。由于当时属于军队编制，这座专科医院

阜外医院前身——解放军胸科医院，位于颐和园西北方山区。建于 1956 年，原先是结核病疗养院，仅有近百张床位，总共几座二层小楼，周围是大片荒地和一片葡萄园，朱晓东从宿舍到病房要穿过荒地走十多分钟。改革开放以后，这里已经是楼群林立，规模很大的 309 医院

定名为解放军胸科医院，代号为解放军310医院。1958年，解放军胸科医院集体转业归地方，更名为现在的阜外医院，属中国医学科学院领导。

我从哈医大毕业后，直接分配到胸科医院心胸外科做住院军医，感到非常幸运和自豪，每天兴高采烈地上班，兢兢业业地工作。1958年全院集体转业，脱了军装，虽然舍不得也必须服从。从此，阜外医院是我的学校也是我的家，我的医学生涯完全是在阜外医院度过的。

我刚跨出校门来到解放军胸科医院，那种既兴奋又紧张、朝气蓬勃的样子至今还记忆犹新。当我们初次被医院政委召见时，和我一起分配来的毛继文同学有一段真实描述值得记录：

我们到医院（胸科医院）第二天早饭后，大家穿戴整齐，扎正武装带，由朱晓东同志喊队列口令，9个人一列纵队，各个目不旁视，挺胸、收腹、甩臂，向病房楼走去，招惹很多工作人员观看。到二楼政委办公室门前，朱晓东轻声地喊：立正，向右看齐，向前看，稍息。然后，他一个正规的向后转，走向政委办公室门前，喊声"报告"，不见动静，又喊仍不见动静。他回头示意同我们商量，有的说是否屋里没人，也有的说你再大声点，你轻轻敲敲门。这时，政委可能听到外面有动静，将办公室的门打开。朱晓东一个军礼并报告："哈尔滨医科大学本科二期9名应届毕业生奉命前来报到，请指示。"政委说进来吧，进来吧。我们列队走进办公室。政委又说都这么站着干什么？都坐下吧。我们依次坐下来，挺胸、平肩、屈膝，髋关节、膝关节两个90度，双足并拢，将帽子放在右前方，帽檐向内，一言不发听候指示。这时，政委笑了，带着浓重的河南口音说干嘛都这么拘束，随便谈谈。我们逐步放松进入正常状态；随后给我们分配到有关科室，正式上班。

当时阜外医院是一个崭新的天地，工作忙，大家团结互助，特别是有一批非常好的老师带领我们，心情特别愉快。老师们的言传身教使我终身受益。

阜外医院有我的启蒙老师

我在阜外医院受到领导和同事们的帮助和教诲，在心脏外科专业方面要特别感谢我的几位启蒙老师。

吴英恺老师（1910—2003）：中国科学院学部委员（中国科学院院士）。第一、二、三届全国人大代表，他是我国心胸外科奠基人之一。吴英恺老师一生中创建了三所医院、两个研究所、五个胸心外科，培养了大批医学人才。

侯幼临老师（1917—1971）：我国心脏外科开拓者之一，我的研究生导师。侯主任 20 世纪 50 年代末和 60 年代初在简陋的条件下，开创了多种新手术，把阜外医院心外科建设成为我国先进的和规模最大的专科医院。他最早开展心脏瓣膜直视成形术、复

吴英恺老师与朱晓东、吴锡桂合影

师生情：夏求明老师和刘迎龙教授

这是当时的老师们，主要是来自协和医院的年轻技术骨干。左二为吴英恺院长（48 岁）、左三为郭加强医生（35 岁）、右一为麻醉科尚德延主任、右二为外科侯幼临主任、右三为心脏内科黄宛主任、中为新任党委书记张中正

京外部分心外科前辈。左二为武汉大学姚震教授，左三为上海仁济医院王一山教授

杂先天性心脏病矫治术，特别对主动脉外科有独到之处，在没有深低温停循环技术支持、没有良好人工血管的条件下成功实施了主动脉弓置换术，达到国际先进水平。

郭加强老师（1923—2009）：我国心脏外科开拓者之一，我国心血管外科全国技术协作网的创建人之一。他是阜外医院第三任院长兼心脏外科主任。郭老师在 20 世纪 60 年代与侯幼临老师一起开展了多项心血管病的创新手术。

薛淦兴老师（1922—2012）：薛老师从苏联留学归国，1958 年以后一直是我的上级大夫，在同一病房工作，他工作十分认真，研究能力很强。是薛老师鼓励我报考研究生，平时得到薛老师的悉心指导。在我书写研究生论文时，薛老师一字一句地帮我修改。他严谨的科学作风对我影响很大，使我终身受益。

艰苦奋斗，埋头苦干

参加工作后还真有点干劲冲天，斗志昂扬，不怕苦不怕累。那时我在心脏外科病房工作的同时参加心导管和造影检查。白天电压不稳定，必须在夜间进行，我们白天在病房忙，晚饭后接着就到心导管室工作。从晚 8 点干到次晨 1—2 点，在去病房接病人的间歇我们站着靠墙闭会儿眼。有一年夏天非常热，我们在不足 50 平方米、又密闭不透风的心导管室，穿着沉重的铅衣工作，又热又累，虽无怨言但深感不适。我们申请总务科发给一台电风扇，起初领导有些犹豫，我就建议后勤派人来心导管室和他们一起体验一下。某日晚上，总务科一位同志到闷热的心导管室看我们工作，不到一小时那位同志热晕过去，第二天就给心导管室送来了电风扇。

与此同时，为了适应学术需求，我深感单靠俄语已经不行了，俄文杂志很少，我在中学有一点英语基础，在大学期间被搁置了，于是开始突击学习英语，几乎把所有的业余时间都用在学习英语上。当时要求自己每天背 50—100 个英文单词，头几天还好，到半月以后以前记住的又忘了。记得有一次走在从医院回家的路上只顾低头背生词，一头撞在电线杆的钢丝绳上，留下一片血肿作纪念，就这样逐步开始阅读一些

1962 年朱晓东研究生像

英文专业杂志。

20 世纪 60 年代初，我国经历了严重的经济困难时期，但我的革命热情丝毫未减。当时看到国家干部没有特殊化，和老百姓一样节衣缩食，我没有任何埋怨情绪，照常加班加点，照常开夜车读书学习，饿一点也能耐受。食堂饭菜没有油水，只靠粮食充饥，人人被动减肥。有一次我打算晚上回家开夜车看书，下班时就买了一个玉米面窝头（二两）骑自行车回家，路上忍不住吃一口，待我跨进家门时，发现窝头已经尽完义务了。就在这年，我在中华外科杂志独立发表了《先天性心脏病心房间隔缺损的分型诊断》的文章，并在胡旭东主任领导下参与左心导管检查的研究。1963 年科里建议我报考中国医学科学院研究生，研究生期间工资扣除 10%，不能参加职工晋升评级，也不能参加外科手术。当时很想提高科研能力，也想试试自己的水平，我就参加了研究生考试被录取，我的导师是心脏外科侯幼临主任。论文题目是《半体循环心脏直视手术的体液酸碱平衡》。当时我国还没有正式学位制度，传说可能参照苏联给个“副博士”，但后来无果而终，我们这批研究生都没有学位，均回到原单位工作。

政治运动的洗礼，提高了思想认识

开始工作以后，对社会不熟悉，用单纯的眼睛观察一切，用美好的愿望理解一切。对政治运动体验不深，一切听从党安排。20 世纪 50 年代末全民大炼钢铁运动波及全国，阜外医院也放下部分医疗工作，在院子里搭起炉灶烧废铁。社会上一个流行的口号是“人有多大胆，地有多大产”，不甘落后的医疗战线提出“让高血压低头，让肿瘤让路”的口号，阜外医院还组织了“让高血压低头，让肿瘤让路”的突击队。这种“突击”治疗必然以失败告终。

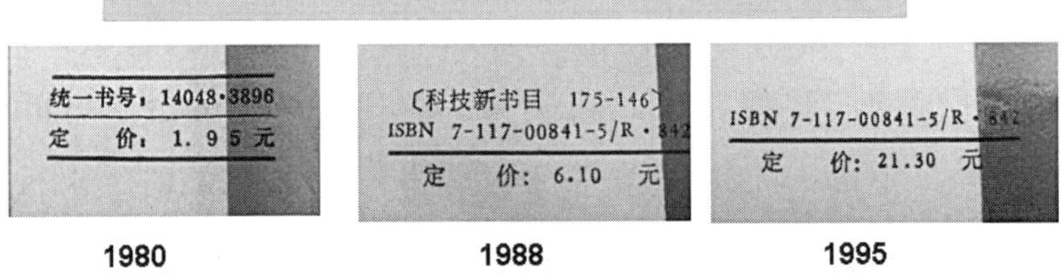

“文革”期间，朱晓东尽量挤出点时间读书学习，1978年试写一本临床实用的专业书，终于在1980年由人民卫生出版社出版，定名为《心脏外科基础图解》。此书受到青年医生的重视，连续三次印刷

心脏外科也随着“浮夸风”搞起了所谓“公社化”运动，正常的医疗秩序被打破，医疗质量受到严重影响。直到经济困难时期此风才稍有收敛，当时我们这些搞临床的年轻人基本上还分不清热情与狂热的界限，经过反复思考，逐渐坚定了对共产党实事求是作风的信念，对于“浮夸风”有所认识。所以就安下心来排除干扰，操持好家务，踏踏实实地工作。

1966年，国家经济情况有所好转，各个战线正在复苏，人们思想趋于稳定，正是恢复元气的好时机。可是，意想不到的“文革”浪潮从天而降。阜外医院图书馆关闭，整个医疗秩序被打乱，当时我相当于二病房的主治医生（当时没有主治医生），每天除了查房看病人之外还兼任病房的配膳员与小夜班护士之职。

经过政治运动的洗礼和社会经历的增多，我逐步提高了独立思考的能力，思想从迷惑苦恼阶段逐步向理智与成熟阶段提升，对事物学会冷静思考，而不是简单盲从。通过对“文革”的反思，我更加珍惜党的光荣传统，相信中国共产党能够不断克服自身缺点，领导中国走向繁荣富强。当时，作为10多年党龄的普通党员，从思想上仍保持着永远热爱中国共产党。

头脑清楚了，认识提高了，思想稳定下来，对社会上一度出现的所谓“信仰危机”有了清醒的认识。用实际行动实践自己的理想，因此满怀热情地到艰苦的边疆做医疗防疫工作；当回到医院后便迫不及待地投入临床服务和从事力所能及的科研工作，并开始写文著书。

五、为边区服务，增强了民族责任感

思想的震撼

1968年，根据毛泽东“6·26指示”——“把医疗卫生工作的重点放到农村去”的精神，我参加了由医科院组织的青海牧区医疗防疫队。我们的任务是到青海省海西州藏族牧区防鼠疫（一种极其危险的烈性传染病），同时巡回医疗送医送药。医疗防疫队包括6名防疫专家和3名医生，其中，外科医生是我，妇瘤科医是生吴爱如，心脏内科医生是陈国风。1968年春，我们小分队自北京乘火车坐火车两天两夜经郑州到达海拔2300米高原城市西宁，再搭大卡车一天跋涉翻过日月山到达黑马河公社，在那里5月冰雪尚未完全解冻。

1968年，青海医疗防疫队队员，由流行病研究所、肿瘤医院和阜外医院共同派人组建。主要任务是防鼠疫与送医送药进帐篷，这是海拔3200—4000米高原，青海省海西州黑马河公社，以藏族牧民为主

那里是3200米高原山区，主要是藏民区，只有少数汉族、回族居民住在小镇上，藏族牧民还过着游牧生活，那里的牧民医疗条件和文化素质比朱晓东想象的还要差。方圆六七十里只有一个简陋的卫生所，妇女们不穿鞋子，终日弯腰打酥油，腰背关节病与妇科病很普遍。由于饮食习惯和卫生习惯落后，经常遇到胃肠道病、肝包虫病以及性病等病人。我们负责的区域地处高山峻岭中，骑马十多里才有几家帐篷。冬天大雪封山，即使患了阑尾炎也无法下山送医院手术治疗。虽说解放已经20年，卫生条件比解放前大有改善，但是与内地条件仍无法相比，如果和大城市相比就不知相差多少年了。我在医大读书时虽然也知道帝国主义侵略中国百年来农村贫困缺医少药的书本知识，到了藏族牧区才有了深刻的切身感受，思想受到很大震动，觉得为农、牧民服务

队员们与藏族同胞同吃同住，在 3200—4000 米高原上的牧区巡诊

是我们的光荣，为牧民防病治病、提高牧民的健康水平是我们的责任。

思想得到净化

医疗防疫队肩负两项任务：一是防治鼠疫等烈性传染病，在广阔的草原地带灭鼠，那是一种当地叫作“哈拉”大如兔子的野鼠，是鼠疫传染源，我们给群众宣传和打预防针。二是进行巡回医疗，送医送药到帐篷。队员们要和当地牧民打成一片，沟通思想，防病治病。

我们初到高原牧区，遇到了高原反应、交通困难、语言障碍和医药设备不足等问题的困扰，大家依然兴高采烈地迎接任务。但执行中遇到很多困难：首先是“生活关”。那里走平路都气短，生活艰苦，卫生状况落后。由于我在中学时代吃过很多苦，也见过各种贫苦生活，所以，到了青海黑马河牧区我不感觉太苦，不久就习惯了，而且感到新鲜、惊奇和兴奋。住在卫生所休整时我忘记了高原反应，主动承担为伙房挑水的任务。在高原，由于气压太低馒头蒸不熟也不在乎。我们在牧区巡诊防疫，与藏民同吃同住，他们用干牛粪擦碗，煮半熟的羊血肠，我很快就适应了。只是骑马碰到些困难，因为在人烟稀少的山区，没有马匹代步简直寸步难行。公社发给医疗防疫队每人一匹坐骑，我从来没骑过马，初爬上马背就摇摇欲坠，只好两腿夹紧马的肚带慢慢上路。由于不会在马鞍上变换姿势，每颠簸一步，臀部皮肤就在同一部位被马鞍重重一击，大约一周时间我的臀部形成一片溃疡，疼痛难忍。经过一段时间的学习和几次摔下马来后，才练就了骑马本领。我们成了“马鞍上的医疗队”，可以自由到各处帐篷巡诊，吃住都在牧民帐篷里。

其次是“语言关”。医疗防疫队不懂藏语，藏族家庭妇女多数不会汉语，看病和家访都不方便。乡政府给我们派了一名卫生员兼翻译，这位卫生员是不足20岁的藏族小伙子，名叫万德香（译音），他热情、友好、勤劳、好学。有了他的语言帮助，再加上我也学了一些基本的巡诊用藏语，大大拉近了医疗防疫队和牧民的距离。藏民非常淳朴热情，通过与他们一起生活、谈心、看病、手术，彼此感情不断加深。对于藏族兄弟，我不再是“怜悯”他们，而是开始喜欢他们，我成了他们愿意接近的“门巴”（医生）。

再次是“技术关”。在基层从事医疗预防工作需要全科医生，我的心脏外科专业用不上，对于许多常见病只有书本知识没有实践经验。那时我们顾不得这些困难，因陋就简地建起了简单的手术室，用书桌改成手术台，到防疫站借些福尔马林，到西宁买几把牙科钳子，顺利开展了拔牙、切阑尾、摘除肝包囊虫等手术。夜间，接生或简单外科清创就在藏民帐篷里，用手电筒照着施行。平时抓紧时间宣传防疫与卫生保健常识，介绍正确的分娩

阜外医院在西藏自治区人民医院最早开展体外循环手术

方法。

天天在牧区巡诊和防疫忘掉了城市中的尘嚣和世俗。我面对牧区落后的医疗卫生状况，大大提升了民族责任感，清除了不少个人私心杂念。我把在医疗防疫队期间的感受画了一本速写（因为没有照相机），后来成为儿女幼年时的启蒙小人书。30 年后我故地重游到黑马河曾经工作过的卫生所访问，可喜那里有了许多进步。

内蒙古心脏外科小分队

青海藏族牧区的经历经常激励我想到应该多为边区少数民族服务。20 世纪 70 年代，我多次到内蒙古自治区等几家医院开展心外科工作。

1978 年阜外医院派出心脏外科小分队，任务是协助基层医院建立心脏外科，协助开展心脏手术。外科小分队主要帮助内蒙古

1978年在呼和浩特内蒙古医学院门口。右一为邱能庸主任，右二为毛继文大夫

在乌蒙医院协助工作，右一为乌蒙医院心脏外科朱主任

与内蒙古自治区医院心脏外科主任张福良（左）和院领导在一起

右一为呼和浩特市妇幼保健院王震玺院长，右二为阜外医院灌注师任伟良大夫

20 世纪 80 年代，朱晓东到内蒙古牧区访问

医学院附属医院，同时也协助内蒙古自治区医院做些工作。队员包括毛继文（心外医生）、许广芬（麻醉兼体外循环），其中护士有谢宝珠（印尼华侨）、小董、小姜和小曹。

心脏外科小分队在内蒙古医学院常驻将近一年，当时生活条件和学术条件都很差，图书馆关闭，学术活动不多，主食是玉米面压成的面条，因为很硬难煮熟，老百姓称之为“钢丝面”，饭菜基本没有油水，医院给我们每个周末改善一次伙食。手术病人并不多，我利用空闲时间完成了第一部书《心脏外科基础图解》初稿的 50%左右。

1983 年至 1986 年，郭加强院长和我分别多次到内蒙古乌蒙（县）医院帮助开展心脏外科手术。

西藏拉萨心脏外科小分队

1990 年，我还率心脏外科小分队到西藏自治区人民医院开展心脏手术，我们做了西藏首例体外循环下心脏直视手术（拉萨地处 3600 米高原）。

1990 年 7 月，我率小分队到拉萨协助西藏自治区人民医院开展心脏手术。队员包括邓硕增（麻醉）、贾兰英、林桂蒲等 7 人。

心脏外科小分队从成都乘飞机抵达拉萨，这是海拔 3600 米的高原，过去曾有不少人不适应缺氧而出过问题。为此，医院给我们每人发一桶氧气以备在不适时可以吸一会。全体队员很快适应了环境，邓硕增医生表现最好，精神焕发，护士长反应大一些。

我们在适应环境后迅速开展工作，筹建动物实验室，完成各

1990 年 7 月，心脏外科小分队到达拉萨机场

西藏自治区领导来人民医院看望心脏外科小分队，这是朱晓东在阅读有关汇报资料

全体队员与西藏自治区人民医院同人合影。前排左二为邓硕曾、左三为李仲梅、左四为叶玲、左六为贾兰英，后排左三为孙桂民、左五为林桂圃

项指标后选择病例，做手术前各项准备。从动物实验开始到临床，成功施行了我国 3600 米高原上首例体外循环下心脏直视手术。手术病人是一位成年汉族先天性心脏畸形患者，手术很顺利，术后当天下午有几位自治区政府领导人前来视察祝贺。

现在青海和西藏修通了火车，开拓了航路，发展了经济，提高了文化素质，我在藏族牧区时的梦想正在迅速实现。

六、接触西方世界，增强了民族自强感

出国学习

20 世纪 50 年代，我在协和做实习医生，当时协和医院是全国最好的科研型综合医院，有许多医学权威。每当有外国专家来访，上级医师带我们参观和学术讨论，完全平起平坐很自然。60 年代阜外医院开院不久，心脏内外科刚刚起步，在学术上与西方国家有较大差距。偶有外国专家来访，总是冯放副院长首先带领大家打扫楼梯和病房卫生，准备好被参观的病人，技术含量较少。我期盼着我国尽快缩短在心脏领域与国外的差距。70 年代由于领导的安排，我得到与国外同道交往和学习的机会。根据医科院与英国文化委员会签订的相互学术交流的协议，1974 年，医科院派 4 名留学生到英国进修，其中包括阜外医院内科郑德裕、外科朱晓东、病毒所曾毅和基础所章静波。我在英国伦敦儿童医院进修先心病外科，师从 Dr. Jaroslav Stark，他是婴幼儿先天性心脏病外科国际著名权威之一。随后又到利兹大学附属医院进修后天性心脏病外科，师从 Dr. Marian Ionescu，他是一位用戊二醛处

从1974年10月到1975年12月，英国文化委员会作为学者互访项目出资支持医科院派医生与科研人员到英国进修，包括病毒所、基础所和阜外医院共4人。这是朱晓东在中国驻英大使馆门前留影

英国留学的四兄弟，除朱晓东之外，还有病毒所曾毅同志（右一）、基础所章静波同志（右二）和阜外医院郑德裕同志（右三）

朱晓东的两位英国老师 Ionescu 和 Stark 回访阜外医院

理牛心包制成人工心脏瓣膜的发明人，并于 1971 年首先成功用于临床。1980 年，我有幸去澳大利亚悉尼市圣文森医院进修心脏外科，师从 Dr. Hanry Windsor 和 Dr. Victor Chang（中文名张仁谦），他们是澳大利亚心脏移植的先驱，张仁谦医生曾多次为亚洲各国一些首脑和名人进行心脏手术。此外，还有我的好友原哥伦比亚大学心脏外科教授 Dr. David Bregman，他们对中国都非常友好。上述各位老师和朋友在我出国期间，无论在工作上、生活上都对我关心照顾，提供许多方便条件，使我掌握了更多的新知识、新技术，回国后能为中国人民服务。

爱我中华，积极开展对外学术交流

我接触西方社会始于20世纪70年代,1975年我国处于“文革”后期，尚未改革开放。英国偌大的利兹市只有我一个来自中国的医生。大多数朋友对我都很友好，但是也有不少外国人对中国还十分陌生，对当时的中国不太理解；还有少数人对中国学者表现出傲慢态度。我在与周围同道的不断交往中彼此之间逐渐熟悉，交了朋友。我开始体验到一般西方人眼中的“中国形象”，那就是经济贫困、科技落后。这时远离祖国的感受特别激发了我的民族自尊心，我是憋着一口气发奋学习、努力工作，用自己的实际行动给祖国争光，期盼祖国能快点强大起来。同时，我也特别注意“要面子”，总想通过自己的一举一动把工作做好，体现出自信、自强和自尊的精神面貌，获得外国朋友的信任与尊重，给中国人“争面子”。他们对中国的某些人和事的误解，我就据理力争。我在英国利兹医院进修心脏外科结束时，虽然老师和同事对我非常好，但告别会办得不够体面，颇感遗憾。直到1981年在悉尼圣文森医院工作结束时，医院对我的工作十分满意，我也特别用自己的进修费在中国驻悉尼领事馆举办了一个小型告别会。中国驻悉尼领事，圣文森医院院长、总护士长、监护室护士长、导师 Victor Chang 夫妇及其家人，还有老主任 H. Windsor 夫妇及病房手术室几位同事们夫妇等都出席，气氛热烈友好。Windsor 医生还用简单中文发了言。我觉得这个告别会不只是给自己争得了面子，更重要的是使外国人感到中国人不仅谦和而且大度，是值得交朋友的。

1976年，我回国后把在英国学习的新技术做了一些改进创新，在我国研制成功牛心包生物心脏瓣膜，经过艰苦的动物实验首先在我国成功用于临床。首例成功之后，我们毫不保守更不保密，外科主任郭加强教授立即组织学习班无偿地向全国介绍推广

朱晓东参加菲律宾心脏病国际论坛并作报告

此项新技术。在 1980 年菲律宾心脏病国际论坛上我作了牛心包生物瓣临床应用报告，当时还没有见到亚洲地区有相关的报道。1992 年，我们的产品被美国一家生产同类产品的大公司发现，主动找上门来与我们交换样品，那时我在思想上得到慰藉，因为我们在学术与技术方面可以与国外大公司平等交流，互相尊重。所以，我把“虚心学习，互相交流，平起平坐，不卑不亢”作为自己与外国同道学术交往中的座右铭。

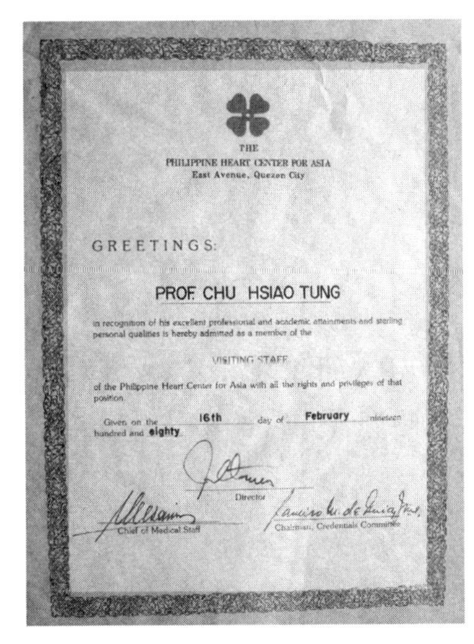

THE
PHILIPPINE HEART CENTER FOR ASIA
East Avenue, Quezon City

GREETINGS:

PROF. CHU HSIAO TUNG

in recognition of his excellent professional and academic attainments and sterling personal qualities is hereby admitted as a member of the

VISITING STAFF

of the Philippine Heart Center for Asia with all the rights and privileges of that position.

Given on the 16th day of February nineteen hundred and eighty.

Director

Chief of Medical Staff

Chairman, Credentials Committee

菲律宾心脏病国际论坛感谢状

我接触到苏联社会始于 20 世纪 90 年代初，通过先后两次的访问，看到苏联解体前后的变化。1990 年 10 月，我和胡小琴教授等人去莫斯科巴库列夫心脏病研

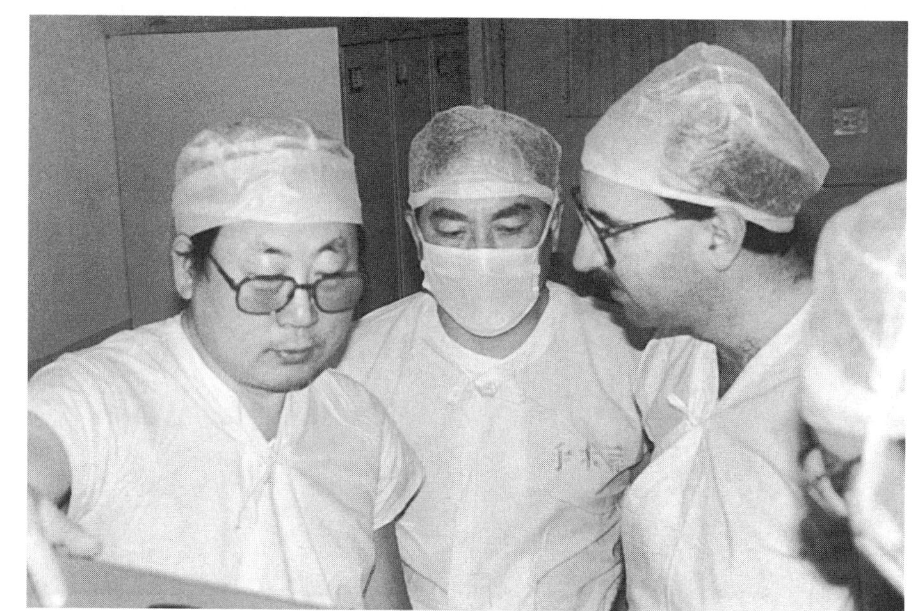

1990年，外宾在阜外医院观看手术

究所访问时，出发前特意准备了咸菜、方便面、大瓷杯、二锅头酒以及送给司机的礼品，如高级香烟等随身携带。那时正值苏联解体时期，她已不是我们年轻时曾在电影《幸福生活》中所看到的那个形象。我在当年10月15日的日记中写道："顺利到达莫斯科机场，机场内只有本架飞机，乘客100余人，其他地方空无一人，机场候机处与接客处也很冷清。我们的住处是苏联医科院的一个招待所，没有食堂，只有一个小厨房，还有一个大约已服役30年的电冰箱，这样我们只能到街上去买食物。到街上商店的货架子上全是空的，好在终于找到两家商店，头一家只卖黑面包和一种怪味菜，没有肉也没有青菜。另一家干脆什么也没有，这使我想起60年代阜外医院的大食堂。在另一条街上看到一个大车正在卸土豆，许多人在分购，很像1976年我在内蒙古看到的居民分土豆和大白菜的场景。总之，当时俄罗斯正处在经济萧条、物资缺乏的困难时代，给我一种很理解、很熟悉的感觉。"但是，我们也看到苏联人民良好的文化素质和爱国、自尊的精神。虽然物质缺乏，但在街上人们都静静地排队，偶然一家商店拿出食品，人们依次很快地排起长队，没有加塞、更没有打架斗殴的现象，这是一个有教养、有自尊的民族。对人民爱国、守纪律的基本教育从小就抓，造就了虽处在困难时期，人们工作仍不马虎，也不吊儿郎当。售货员认真检查商品质量，认真包装。招待所的老太太认真打扫卫生，更换床单。巴库列夫研究所基本功抓得紧，很刻板、一丝不苟，工作效率也很高。手术室的工作气氛好。我们还参观了另外两个研究所。我相信俄罗斯的困难是暂时的，因为看到俄罗斯的基本建设很伟大，例如地铁系统、水电能源都很充足，当时每个居民楼、招待所大多是 24 小时供热水，充足供电，有电梯，有很好的工业基础，高水平的国防建设，人民文化素质好，相信数年后俄罗斯一定会更好。

2006 年 5 月，我再次到俄罗斯，访问了莫斯科的马斯尼科夫（Miasnikov）研究所心脏外科教授 Akturine，他是为叶利钦总统

美国克里弗兰医院 Dr. Denton Cooley 在北京参加会议

做手术的医生。时隔15年的俄罗斯呈现出市场繁荣、物质丰富的景象，商场里不乏各种时尚的、民族的时装，各种化妆品、家用电器等，超市里有各种档次的食品与日用品。看到这些，一方面为俄罗斯人民高兴，另一方面更使我体会到中国改革开放政策的伟大正确，社会主义建设的高速发展大大增强了我的民族自豪感，当然也深感中国的人文素质还要不断提高，作为北京人真要好好贯彻与发扬“爱国、创新、包容、厚德”的北京精神才好。

随着阜外医院的发展，国际学术交流日益频繁，学术水平也不断提高，目前国际讲坛上越来越多地听到阜外医院和中国学者的声音，阜外医院的国际地位逐渐提升，并交了更多的朋友，2011年，阜外医院成为国家心脏病中心，正在走进世界先进行列。

七、阜外医院是人生的摇篮

患者的病痛鞭策前进

20世纪80年代初，有一位患室间隔缺损、肺动脉高压、明显紫绀的女青年。她幼年多病不能上学，自学达到高中水平，忍受病痛，乐观向上，寄希望在阜外医院手术治疗，让她能得到正常人的生活质量。但事与愿违，经多种内科治疗，一直未能解除心脏右向左分流的病变，从而不能手术，而遗憾出院。很多大夫都认识她、同情她，为争取手术条件反复收住院五次仍是无奈，那时不能做心肺移植，最终死去。我作为医生，不能为她治病深

2010年阜外医院本部全貌，与建院时相比，增加了门诊大楼和科研大楼，建筑面积增加1倍，病床增加大约3倍，工作人员增加大约4倍

感痛苦，激发我不断探索新技术，为更多患者解除痛苦。还有一例50多岁的干部，患主动脉瓣狭窄重度钙化，迫切希望做瓣膜替换手术，那时我们正在做瓣膜替换的动物实验。这位病人常到实验室窗口打听结果并且表示愿意作为临床应用第一例。可惜，当实验成功时，他已等不及手术而离开人世。这件事既给我深刻教育，也给我巨大鞭策。

从医实践越久，越感到许多病还不能完全认识和根治，并非每个病例都能达到理想的治疗效果。原协和内科专家张孝骞曾告诫医生行医如履薄冰，教导人们兢兢业业，满怀激情地做好临床工作。2006年，我曾经把临床工作中的心情记录下来：

最揪心的是，患者经受病痛的折磨。

最担心的是，医疗过程出现的险情。

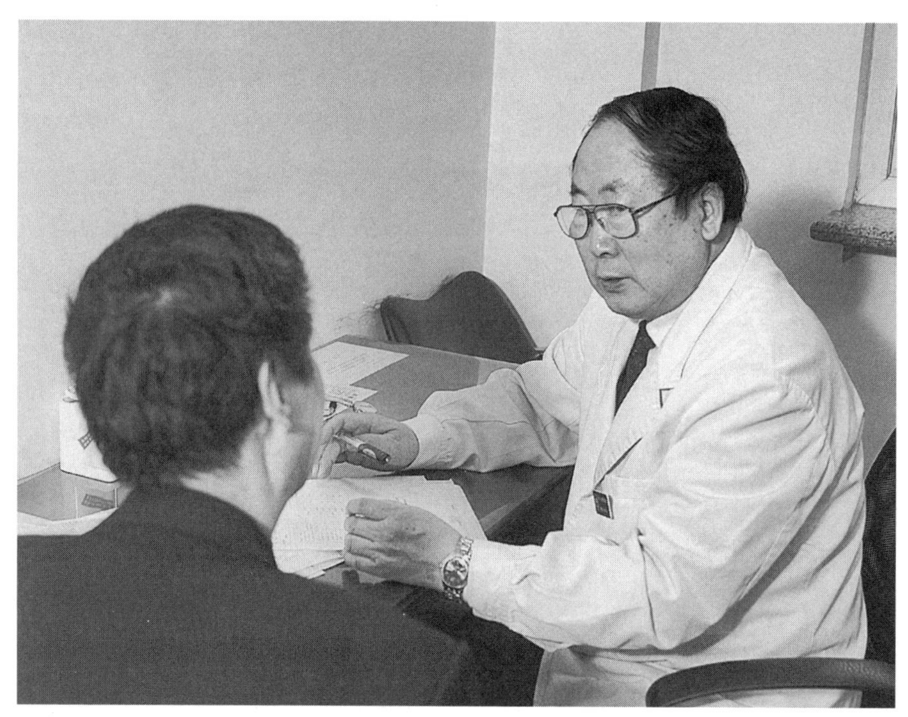

临床工作，从门诊开始

最欣慰的是，患者的康复重获幸福。
最看重的是，实践勤奋创新和奉献。

牢记老师的教诲，全力做好临床与科研

首先是吴英恺老师，他作为院长兼外科主任给我提供了许多机会，让我到国内外进修，完成医科院研究生学业和到基层锻炼的机会，贯彻解放军的优良传统，教导我们要团结、守纪律、艰苦奋斗、无私奋进。同时吴院长带来了协和医院对科学研究的严谨作风和高尚的医风。

侯幼临老师在国内艰苦的条件下开展许多创新的心脏手术。他一面忙于临床，一面指导我的研究生工作，使我不仅学到新知识而且提高了科研能力。侯主任的创新和拼搏精神给我做出了榜

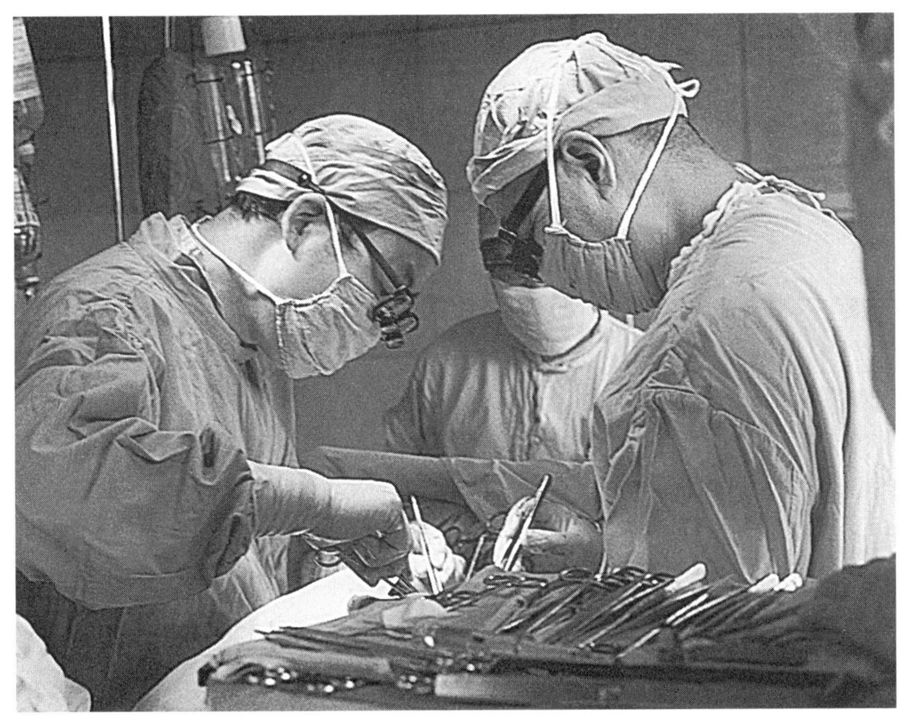

郭加强院长指导朱晓东做手术

样。遗憾的是 1966 年“文革”开始，他的许多工作停下来了，1971 年“文革”还未结束，恩师侯幼临就过早地离开了我们。

郭加强老师领导我们于 1972 年在外科成立人工心脏瓣膜研究组，由我具体负责。研究组包括陈英淳大夫、唐承君大夫和七机部（航天部）张大幕工程师等。我们先研制机械瓣，到上海医疗器械研究所联系合作。当时该研究所工程师下放车间当工人，无法合作，我们回北京自己搞也受到许多干扰，进展缓慢。到 1976 年我们研制出生物瓣，进行动物实验，那时正值“批林批孔”运动，我们尽量避开干扰，因陋就简地做实验。我们没有正规动物实验室，实验在病房楼地下室约 50 平方米的房间进行。郭主任对每次试验都关心指导，动物实验后我们轮流睡在地下室看守动物。大家情绪很高，任劳任怨，直到完成实验任务。随后为进入临床做准备。当时吴英凯已恢复了阜外医院院长的职务，他支

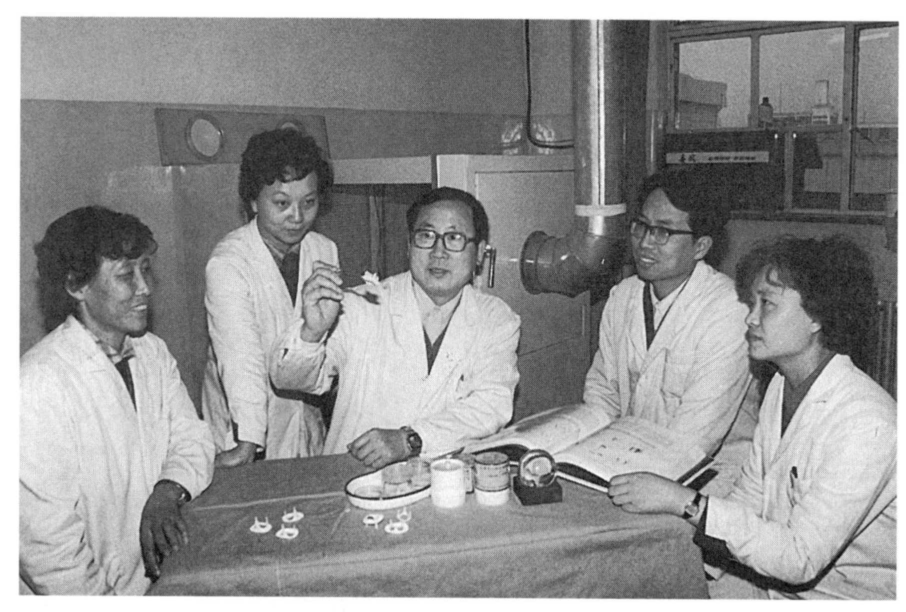

心脏瓣膜与辅助循环研究室部分成员

从事人工心脏瓣膜研究

持首例临床生物瓣移植。那时除了我做过换瓣手术外，其他人还没有参加过临床心脏瓣膜替换手术，陈英淳大夫作为我的第一助手，正式手术前在体外反复操作演练。在全院的支持下，临床第一例手术圆满成功，这种类型生物瓣定名为BN型生物瓣。在与七机部协作研制心脏瓣膜的过程中，郭加强主任亲自带领我们争取七机部和国家科委的支持。BN型生物瓣至今已在全国应用40多年，同时又研制出机械

我国第一例牛心包生物瓣临床应用成功，图中左侧为第一例换瓣病人徐绍武同志。他于 1976 年因主动脉瓣关闭不全、左心衰竭行主动脉瓣替换术，使用阜外医院研制的 BN 型心包瓣，术后恢复顺利，一直正常工作。这是他手术后 19 年留影

瓣，定名为 G-K 型机械瓣，至今全国临床应用已 40 年。

1974 年，郭加强主任在“文革”期间顶住很大压力完成了我国首例冠状动脉搭桥术，给全院树立了榜样。1985 年为了克服主动脉夹层难以缝合，大出血是严重并发症，研制出“无缝线主动脉吻合环”并成功用于临床，取得较好成绩。1992 年，我开展了“心脏瓣膜置换同步冠脉搭桥术”，第一位病人是医科院老领导，术

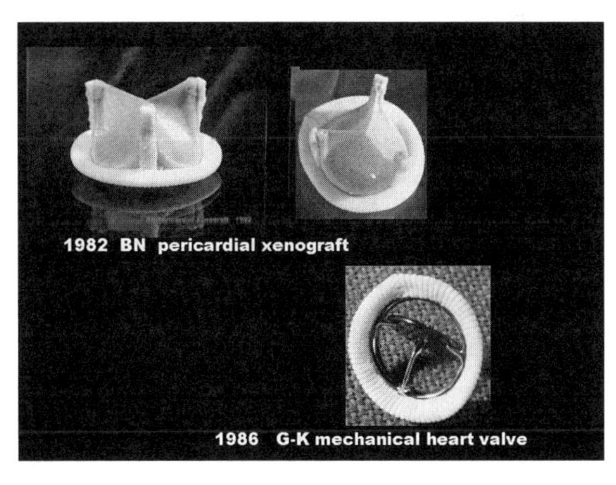

BN 型人工心脏瓣膜

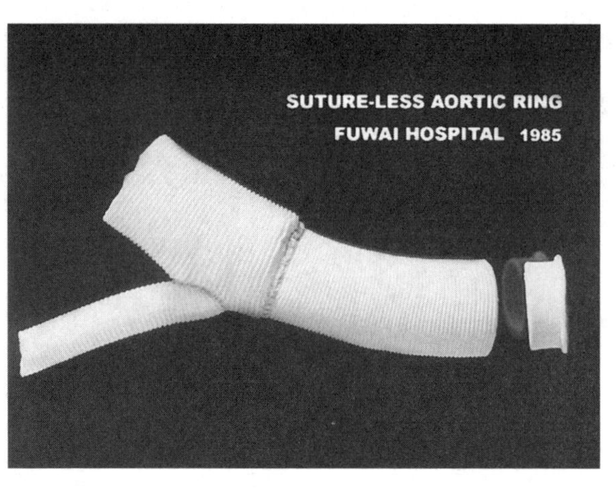

无缝线主动脉吻合环

前心衰卧床，术后恢复顺利，手术20年后，病人87岁高龄仍保持良好的生活质量。以后我们的外科团队又逐步开展一些新手术。

黄国俊老师是我分配到胸科医院后最早的启蒙老师。20世纪50年代，普通胸部外科手术较多，我开始做的第一例肺叶切除术和第一例食管癌切除都是在黄老师亲自指导下进行的。黄老师工作作风十分严谨，手术操作非常漂亮，干净利落，是协和医院风格的代表。他还善于画图，每份手术记录图文并茂，是年轻医生学习的样板。

参加国家“八五”医学科技攻关验收会

改革开放以后，党提出科教兴国战略，为知识分子铺设了光辉的道路。我也在历史的洪流中有稍许进步。首先我做好临床第一线工作，日夜奋战在门诊、病房和手术室，病人情况不平稳时就睡在病房大夫办公室或干脆守在病人床旁。

在做好临床的基础上积极进行科研，我争取到“六五”、“七五”和“八五”相关的国家攻关项目，同时努力总结经验，撰写或主编心脏外科专著。1970 年开始抓紧一切零散时间和假日构思下笔撰写我的第一本心脏外科临床书稿。那时没有计算机只能手写，不断涂抹修改，我就把心脏标本放在书桌底下随时拿出来翻看核对，福尔马林的刺激气味对我已没有影响了。如此苦战数载，终于在 1980 年正式出版发行。

面对荣誉

1993 年，中国医科院授予 20 位不同学科的医生“中国医学科学院、中国协和医科大学名医称号”，主要包括协和医院、阜外医院和肿瘤医院的临床医生，我在此行列之中。1996 年，中国工程院接纳我为中国工程院院士，这是我国科技界最高荣誉称号。

1993 年，朱晓东被授予“中国医学科学院、中国协和医科大学名医称号”。医科院共授予协和医院、阜外医院和肿瘤医院 20 名专家此项荣誉

面对这些荣誉，我的心灵受到巨大震动。如果没有共和国的培养，如果没有党的改革开放政策，真无法想象能走到今天。我也体会到，阜外医院老师的言传身教，传授知识，教导如何做一

中国工程院院士证书

名好医生，才有了我的今天。更感受到能得到一些进步，除了个人的努力之外，还包括同事们的帮助，更包含患者的鞭策和代价；更何况有许多医学难题还需要终生学习研究。我觉得如果把个人的技术或荣誉作为骄傲的资本是十分可耻的。我曾经把这些认识做成幻灯片分别与协和医大同学和阜外医院心外科医生分享我的体验。1992 年，与协和医大同学座谈时把当医生的体验介绍给了他们。

我的讨论主题:

毕生奋斗
争做一名优秀的临床医生

谈谈我事业和人生道路上的一点体会和同学们探讨

珍惜机遇,奋力拼搏

机遇不等于成功,机遇会从身边溜过

*作实习医生: 每晚一点以后才回新开路,周日睡到中午(协和脸之称)
*学英语:吴院长介绍他的学习精神.我的学习办法
*60年代困难时期忍着饿熬夜读书,看病人(当时号召劳逸结合,节省能量)
*1975在英国上临床又练外语头两月体重由75Kg降到60Kg.
*1976年为建立我国第一个牛心包生物瓣实验室和首例临床应用经常吃在实验室睡在实验室.
*1980年出版了心脏外科基础图解一书(构思一个图往往5,6天废寝忘食,半夜爬起来 勾上几笔,买东西答非所问)

对病人的爱

是医生忘我劳动的永恒动力

*我们外科医生的表情就是一面镜子,反映每天手术病 人的安危.
*没有计较过个人休息,报酬和安危.(经常午夜加班在没有良好通风和有效防护的X线导管室通宵工作.)
*没有因家务影响工作
*1976首例生物瓣AVR情愿承受政治压力.
*不带任何个人情绪,杂念,以最佳状态进入手术室.

临床第一线的艰苦实践是最重要的基础

知识,经验,医风均由此得到锻炼

手术室:从取血输液,清点纱布做起.
守病人:从捏皮球辅助呼吸,翻身吸痰做起.
值夜班:从最基本处理做起.
手术台:最长17小时(胸主动脉瘤)
一例TOF术后特护40天,没有假日和补休,椅子上睡
医疗队:内蒙, 青海, 西藏.
总结实践中的经验教训:几十年来我亲手所作的病例与实际体会均作了登记,总结作图 已数千例.

医生的技术特长！

只是为病人服务的手段，

决不是向社会炫耀的资本

首先：学无止境

其次：来自老师，同道和学生....

再次：源于病人的医疗过程，许多经验教训是以病人的痛苦甚至生命为代价.

1993年我被授予中国医学科学院名医称号，报刊也有些介绍

我也就看得淡了.我从不相信什么一把刀二把刀.

我只希望办好医院，办好全国协作网和胸心外科学会的交流

体验到中国人这三个字的分量与含义

1975: 最早派往英国的中国临床医生，与曾毅等4人.--我是当时LEEDS市唯一的中国医生，学习先心和瓣膜外科.IONESCU挽留.------总想争口气回国开展工作.

1980: 澳州SYDNEY学冠心外科，每天工作12小时.Victor Cheng很希望我留下.以后成了好朋友并建立了中国心外医生培训点.

*尊严和友谊：是我在外国待人的基本准则.我坚持不卑不亢四个字.在国外平时节衣缩食但临别办了个有意义的私人Party.

*阜外医院接待外国同道来访也逐步发生变化：打扫卫生--听学术报告--深入提问--同时交流.现在心理上逐步得到平衡.

这是20世纪90年代朱晓东与协和医院学生座谈时的幻灯片，实际是他从医以来做人做事和生活信念的体会

八、形势要求，阜外医院面向全国

阜外医院作为心脏病医疗和科研领域的国家队，一直承担着推动我国心血管病防治事业的光荣任务。不仅要把阜外医院自身搞好，而且要在全国范围发挥更大作用。我也在老一辈专家的带动下参与国内的技术协作与推动学术交流。

参加全国协作网

阜外医院是我国最大的心脏病专科医院，现在已正式成为国家心脏中心。在全国建立技术协作网，推动我国心脏病事业的发展是阜外医院义不容辞的义务。早在20世纪60年代，吴英恺院长就组织了华北协作组。70年代后期，郭加强院长建立全国技术协作中心，重点扶植30余家医院发展心脏科。为帮助内蒙古开展手术，我带着外科小分队到呼和浩特市常驻，帮助几家医院开展手术，先后9次到乌蒙医院开展工作。其他协作医院也是有求必应，以不同方式给予协助。80年代我主要协助一些兄弟医院开

1992 年，时任卫生部部长陈敏章指示阜外医院应在全国发挥更大作用

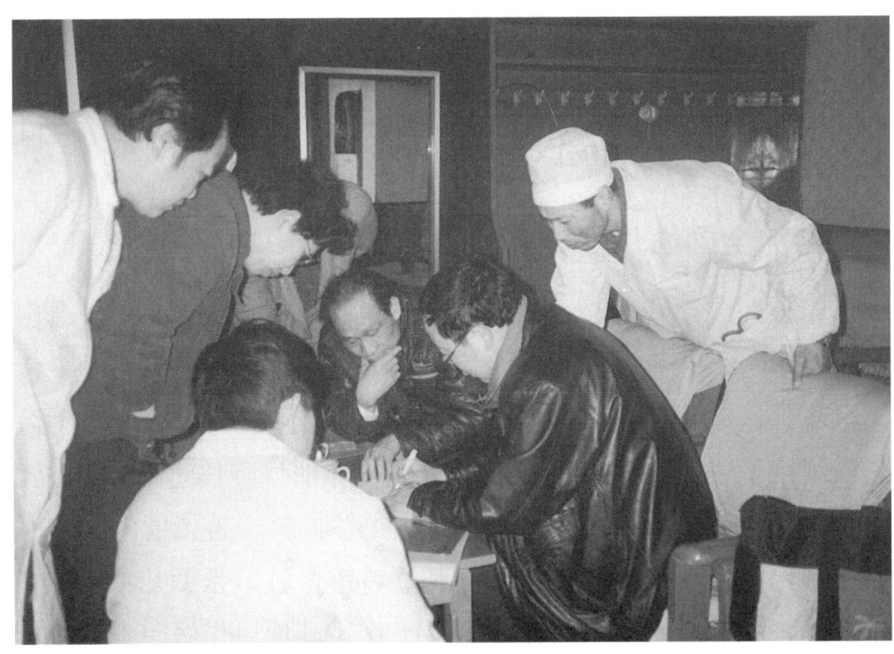

朱晓东在武汉与吕大同教授研究手术方案

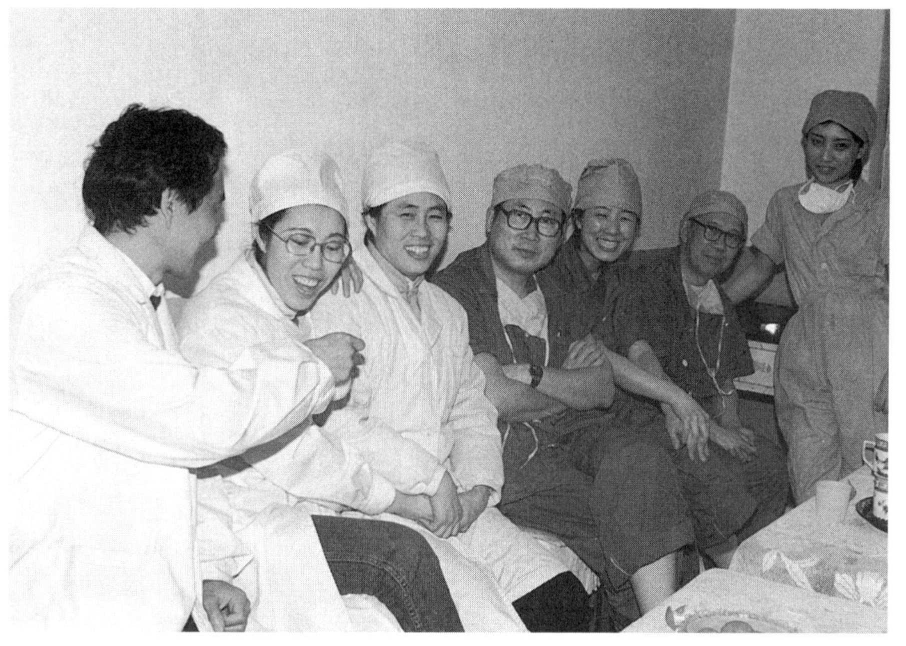

锦州市人民医院心脏外科协作组，锦州市人民医院定为阜外医院协作医院。这是阜外医院心脏手术小组在该院手术，图中左三为该院王院长，右二为阜外医院麻醉科徐守春主任

展心脏瓣膜替换和成形手术。90 年代则主要开展冠状动脉外科手术。到 21 世纪初阜外医院形成了新一代学科梯队，他们接过技术协作大旗做出更大贡献，特别是在大血管外科与复杂先心病外科方面。

中华医学会胸心血管外科学分会

中华医学会胸心血管外科学分会的任务是推动国内外心胸外科学术交流，为年轻人搭建走向世界的平台。胸心血管外科学分会，于 20 世纪 80 年代由苏鸿熙教授筹建，并任第一、二届主任委员。孙衍庆教授任第三届主任委员，我担任第四、五届主任委员。胡盛寿教授接任第六、七届主任委员，现在本学会已在国际

2004 年，我国主办第 14 届世界心胸外科医师国际会议

1997 年，中华胸心血管外科学会与美国胸心外科协会代表团签订合作意向书

1985 年，苏鸿熙教授（左二）创建了中华医学会胸心血管外科学分会，并任第一届和第二届主任委员，孙衍庆教授（右二）任第三届主任委员，朱晓东（左一）任第四届和第五届主任委员，胡盛寿教授（右一）任第六届和第七届主任委员

2006 年，阜外心血管病医院、中华医学会为朱晓东颁发纪念牌

上得到愈来愈大的影响力。

支持在全国开创更多的心脏中心

我国是 14 亿多人口的大国，心脑血管疾病又是第一号杀手。我国的医疗资源远远不能满足要求，需要更多的高水平心脏中心。20 世纪 80 年代，郭加强院长率领我们到深圳协助筹办“孙逸仙心血管病专科医院”，阜外医院输送去 30 余名技术干部，沈宗林教授任第一任院长，历时 8 年建成开业，至今运转良好。1998 年，我协助民营亚洲集团在武汉筹建武汉亚洲心脏病医院并出任第一任院长，1999 年开业。这所心脏专科医院已具有一定规模，现在年手术数量和医疗水平已属国内先进行列。此外，我们还对一些新建的心血管病中心提供咨询和帮助。

1992 年，深圳孙逸仙心血管医院建成，这是开幕式

1999年，朱晓东担任“武汉亚洲心脏病医院”院长

2006年，新建广东东莞康华医院

2008 年，郑州弘大心血管病医院开院典礼

九、喜看后浪推前浪，重新安排生活

随着我国社会主义建设的高速发展，经济实力的增长，特别是得益于国家科教兴国战略，阜外医院从无到有，从小到大，从弱到强，从默默无闻到跨进世界舞台。在心血管病医疗和科研领域，在数量和质量方面已处于国际先进行列。现在阜外医院成为国家心脏中心，起着国家队的重要作用，担负着更大责任。这是一代又一代"阜外人"努力奋斗发展起来的，每个"阜外人"都是接力棒的传递者。尤其是高兴地看到，新一代学科骨干早已走在我的前面，他们不断开创新局面，令人钦佩和欣慰。

我是阜外医院培养成长起来的，也是阜外医院的同龄人，作为"阜外人"，深感自豪。遵照人自然规律我主动递出了接力棒，离开心脏外科临床第一线，重新调整生活内容与方式。也就是注意维护身心健康，继续发挥余热。我很同意有人提出的老年人投入工作的三原则：(1) 做对社会有益的工作；(2) 做力所能及的工作；(3) 做喜欢干的工作。这三个条件缺一不可。按照此三原则，2007年，我与上海第二军医大学张宝仁教授共同主编出版《心脏外科学》。自2008年我自己动手整理阜外医院病理科开院以来收集的心脏标本，从临床应用角度撰写了一部《心脏外科解剖学》专著，于2011年由人民卫生出版社出版。在为时3年的整理标本和撰写过程中，确实自得其乐，也相信这本书会对年轻医生有一些帮助。

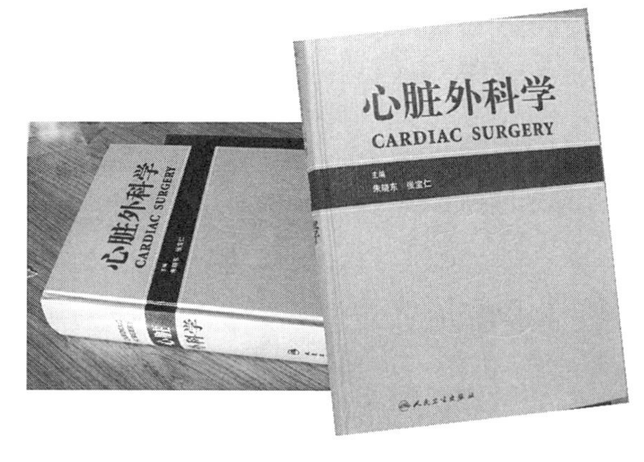

2007年，朱晓东与张宝仁教授共同主编的《心脏外科学》由人民卫生出版社出版

当然，退出临床一线后有了较多的自由时间，可以旅游，会见老同学，特别是能更好地享受家庭天伦之乐。

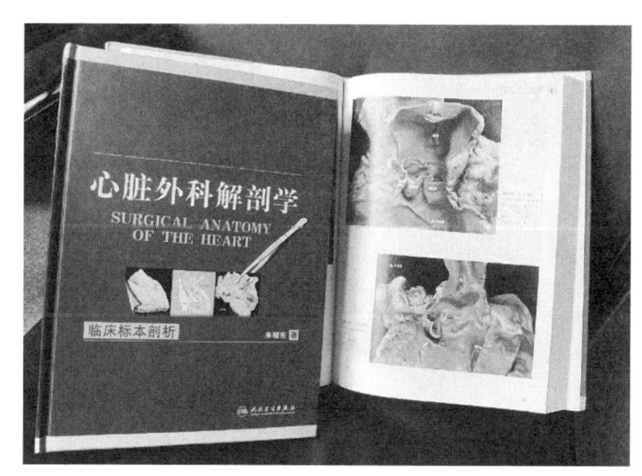

朱晓东发挥余热，研究心脏手术标本，撰写《心脏外科解剖学》，并于2011年由人民卫生出版社出版

我是共和国培养的第一代医学本科生，是中国协和医科大学20世纪60年代培养的研究生，是与阜外

医院同龄的见证人。这个大家庭把我从住院医生培养成为心脏外科专业人才，教育我如何做人，如何行医。我永远不会忘记老前辈身体力行和谆谆教诲。当然也离不开家庭的温暖、鼓励和支持。我的妻子吴锡桂是我家大半个天，我工作中许多重要的构想和发言都是她作为第一个听众兼评论员。

我深深地感到："我爱我家，我爱阜外，我爱祖国。"

第二章

青海高原藏族牧区医疗防疫队生活随笔

初衷：年龄不饶人，我这几年离开临床第一线，有了更多时间回顾在阜外医院心脏外科工作的人生体验，回想起来感触很深。其中有一段经历对我的思想和人生观影响较大，那就是为少数民族医疗服务的感受和20世纪70年代在西方国家留学的感受，这在我的心灵中激烈地撞击，激发了我强烈的民族自尊自强心态。青海医疗队的随笔小册子，不仅常提醒我为祖国医学事业努力奋斗，而且是我的儿子女儿的幼年启蒙小人书。所以，我一直想把这本小册子重新整理一下，留给自己，激励家人。

背景：1968年是“文化大革命”的第3年，医院业务工作秩序已经被打乱，工作学习都不容易。我当时革命热情也很高，但主要是希望多做些实际业务工作。听到医科院组织青海医疗队的任务后主动报名参加，虽然这给家里增加了一些困难，但却避开了一些干扰，决心响应毛主席的“6·26指示”到基层锻炼。

这次到藏区牧民最基层的地方开展医疗防疫服务，和藏族同胞同吃同住，虽然时间不算很长，但确是影响我最深的一段经历。当地的经济条件、社会环境、风俗习惯和卫生水平等所有这一切都是我从未经历过的。我从新奇和惊讶到很快适应，从同情到感触，从熟悉他们到喜欢他们，从少数民族的历史遭遇看到帝国主义列强和腐败政府给中华民族带来的灾难，从为藏民服务到净化自己的灵魂。这段经历在我一生中起到重要影响。

这本小册子是我1968年参加中国医学科学院组织的青海省海西州高原山区防疫医疗队生活纪实。当时我把自己的真实感受在巡诊间隙或在医务所休整时仓促记下来。那时医疗队没有照相机(全队只有一个135型小照相机，只能用于野外防疫考察之用)。没有笔记本只能用白报纸裁开装订成日记速写本，没有钢笔或画笔只有一支双色圆珠笔。

说明：原来小册子的速写画翻拍出来颜色不好，我用Photoshop软件加工美化但完全保留原来的线条和构图。原来按日期写的日记现在按照当时的工作内容摘抄整理，对所有内容没有删除，反映了当时的真实思想。

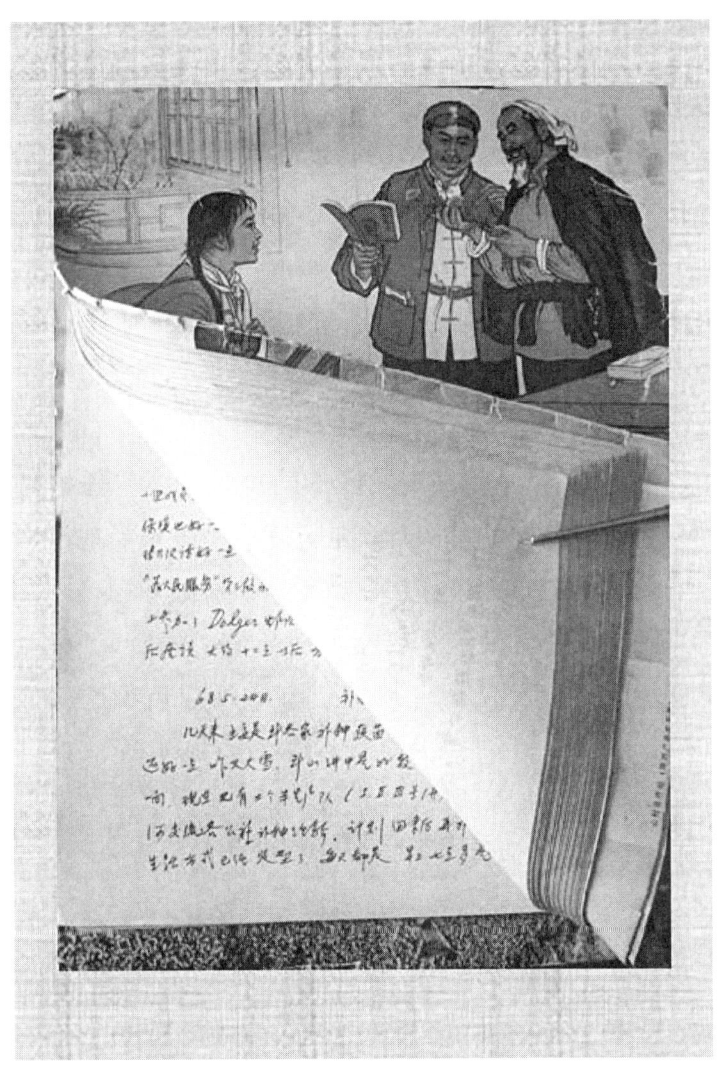

这是朱晓东1968年的速写兼日记本，由白报纸裁开装订而成，封面贴了一张宣传画。2013年对原稿整理补充，原稿的文字没有删减，原稿中速写图的构图完全保留，只是用Photoshop软件将原稿中的文图做了美化处理

一、离开北京到青海高原

1966年5月，我作为一名心脏外科医生在阜外医院上班，随着“中央5·16通知”下达，“文化大革命”的风暴从天而降。阜外的医、教、研全部近于瘫痪。我的任务是在护理员的领导下负责日常基础医疗工作兼做护理和配膳。就这样度过了1967年。1968年初，院长吴英凯院士打扫厕所，导师侯幼临主任打扫病房卫生，不让做手术。医科院已经军管，根据毛泽东“把医疗卫生工作的重点放到农村去，打倒城市老爷卫生部的6·26最高指示”，组织到青海鼠疫高发区的防疫队，主要任务是预防鼠疫——一种烈性传染病。由于单纯防疫不易得到当地群众的理解和支持，尤其是牧民，他们更需要看病和保健知识，因此，这次任务除以流放所（医科院下属流行病与放射病研究所）为主外，防疫队加上3名临床医生共12人。流放所以传染病专家和灭鼠专家为骨干，3名临床医生是心脏外科医生朱晓东、妇瘤科医生吴爱如和心内科医生陈国风。我当时是响应号召主动报名参加医疗队，希望专心做些业务工作。

我们去的地方是青海省海西州黑马河乡的藏族牧区，在青海湖南岸的山区，平地是3200米高原，山上牧民住在3500—4000米的山上，牧民基本上还过着原始的游牧生活。

出发之前没有得到具体指示和充分准备，只告诉我们大约需要10个月时间。那时年轻力壮没有顾虑，女儿9岁、儿子5岁，由爱人照管。整理简单行装，穿着10年前转业时的军棉袄就出发了。吴锡桂带着女儿，母女俩送我到北京火车站。当火车启动时，我站在车门处心情还是沉重的，火车站台上也显得有些异样

医疗防疫队大部分成员。队员有：刘云鹏（第1任队长），马万全（第2任队长），汪诚信（灭鼠专家），流研所年轻医生陈关君、祝龙彪、景绍亮，技术员毕德增、朴昌国、顾丽英和王美秀，临床医生朱晓东、吴爱如（肿瘤医院妇瘤科）、陈国风（儿研所心脏内科）

气氛。

医疗防疫队一行十多人上车，都是硬座。要先到青海西宁市，然后换汽车翻过文成公主走过的日月山到达防疫重点地区海西州。路程很长，我服了乘晕灵后迷迷糊糊靠在硬板上，火车开得很慢，第一天黄昏到郑州火车站车就开不走了，经过很长时间火车于深夜才缓缓西行。一路上翻山越岭穿洞过桥。车厢内革命气氛很浓，很多乘客都在学习。

坐了两天两夜火车到达西宁市。我们已筋疲力尽，入住青海宾馆招待所。招待所大而荒凉。1968年初，正是全国“文革”高潮，青海也不例外。招待所住的人很少，西宁市只有一条主马路，半小时就逛完了。

吴锡桂带着女儿到北京火车站送行

火车上学习

西宁市处于2300米的高原，身体没有明显高原反应，仅在跑步或剧烈活动时有些头疼气短。医疗防疫队休整两天，刘队长与市卫生局联系任务和车辆。

1968年4月7日清早，医疗防疫队小分队全体搭乘运货敞篷大卡车出发，一路向西开始登山，下午卡车开到行程的最高

火车穿山越岭，从北京到西宁

点——日月山，它是古代汉藏通婚、民族友善的象征，文成公主经过日月山嫁给藏族王爷。山上荒凉树木稀少，只竖立着一块石碑刻有“日月山”三个大字。曾流传“过了日月山，两眼泪涟涟”的传说。

过了日月山，汽车一路下坡，经过卡车一天的颠簸，当天黄昏时分终于到达目的地。这里平地海拔 3200 米，山上大约 4000 米。它属于青海省海西自治州东部，黑马河乡是宽约 2 公里的狭长地区，是一个小镇，设有乡政府，有邮电所、卫生所、合作社、饭铺等。青藏公路穿过小镇向西开车两天到格尔木再往前到拉萨。黑马河乡紧靠青海湖南岸，南面则是连绵不断的大山，牧民常年在山上过着游牧生活。

自日月山起一直到黑马河看不到一棵树，山上山下覆盖着短短的小草。夏天在山顶上盛开各种小黄花。4 月底仍然很冷，五一节仍可看见湖边堆积的冰块。许多小溪流入青海湖，湖水深数米清澈无污染，湖中特有的“无鳞鳇鱼”开始逆行游入小溪产卵，溪内鱼群涌动无人捕食。

翻过日月山，草原大无边

日月山是西宁市和海西州的边界，接近4000米。过了日月山汽车一路下坡，经过倒淌河到达黑马河乡

1998年，朱晓东再次越过日月山

黑马河的乡卫生所，这里前院是门诊，后院是宿舍和厨房

这是 1968 年的黑马河乡卫生所，前院是拴马区，图中三间房是门诊，包括药柜和处置室。门诊部背后是一个小院子，约有 5—6 间平房，作为库房、厨房、客房和卫生所长的家。卫生所只有一位郭医生，他和妻子住在后院。医疗防疫小分队从牧区巡诊回来休整也住在后院。在卫生所期间，医疗队的三名医生就在这里看门诊。卫生所郭大夫早上约 9 点上班，先煮沸消毒注射器，清理药柜，三人轮流坐诊。

这里从来没有做过任何手术，但从就诊的病情需要，医疗防疫队建议把门诊室旁边的一间屋子腾出来建成简易手术室，就这样因陋就简地开展了许多手术。

30 年后的 1998 年，我去青海医学院附院做手术，心脏外科主任达嘎医生陪我重返黑马河，以怀念和激动的心情探望久别的曾工作过的乡卫生所。30 年后的重逢，看到曾多么熟悉的黑马河时，我心中颇有些特殊感慨。原来的黑马河乡卫生所有一些进步，增加了 4—5 间平房作为药房与诊室，但没有了简易手术室。院子没有扩大，原来的水井不见了。卫生所的所长换成一位 30 岁的女医生，相当于医疗防疫队服务时出生的女孩。自然环境也

黑马河卫生所 门诊

正在接诊，只有一把候诊椅子和一张桌子，隔壁有一张检查台和简易药柜及煮沸消毒锅。有时病人较多，候诊的牧民老早就坐在门口地上候诊

1998年重返黑马河乡卫生院。自左至右分别是韩京梅护士长、达嘎夫人、青海医学院附属医院心脏外科主任达嘎、阜外医院刘迎龙主任、麻醉科医生常勇男和朱晓东

很遗憾，青海湖水面明显缩小，与1968年相比湖水退后100余米，汇入青海湖的小溪变浅或干枯，大片草地萎缩，只是孤零零多了几棵树。上页图是1998年的黑马河卫生院。

现在，据说环境有所改善，青海湖的面积开始扩大。

总的说来，30年来确有发展，但与大城市相比不容乐观。卫生所虽多了几间平房，但仍然是原来的小院子。

二、高原牧区医疗巡诊

到黑马河乡卫生所住下后，刘云鹏队长领导医疗防疫队积极做进山准备。第一，与当地公社干部联系确定医疗防疫队的任务和地区范围，以便得到公社和大队的配合与支持。第二，准备药品和行装，当时正值5月，队员全部冬装，我十年前常穿的军棉袄必不可少。第三，掌握代步工具。这里平地海拔3200米，走快一点就气喘，步行上山根本不可能，因此，公社给医疗防疫队

上山巡诊之前首先练习骑马，马是必不可少的代步工具，没有马寸步难行

首批3人出发上山去藏族牧民帐篷，照片已模糊，骑马者自左向右为老毕（流放所技术员）、陪同牧民、流放所防疫专家，最后一位是老马同志

队员每人一匹马，我从未骑过马，别人备好马鞍马镫扶我坐上马，我找不到重心随时会摔下来。好在队长发给我一匹老马，黑色，不踢人也不狂跑，我练习几日就开始进山，就全靠这匹老实的黑马了。这正是在黑马河骑黑马，在高原爬高山。

我的骑马技术不过关，吃了大亏，我骑在马背上不敢移动身子，两腿紧紧夹住马鞍，黑马每走一步我的臀部就在马鞍上重重砸一下，每次都砸在同一片皮肤上，马跑得越快，我的皮肉被砸得越狠。巡诊一周左右我的臀部砸出一片2—3cm的溃疡，坐卧不宁，骑马如同受刑，幸亏藏族卫生员教我如何在马背上调整体位才解决了问题。后来，我的骑马技术提高，给我换了一匹年轻白马，可以骑马飞驰。

我过去从未骑过马，给我一匹老马做练习，我坐在马上前头有人拉，后头有人催赶。

经过充分准备和适应高原生活，我们3位医生做好了医疗和打预防针的准备，刘队长做好了鼠疫调查和灭鼠的准备。这时，全国“文革”仍处于高潮，都十分担心北京的家人，通信很不方便，几乎不能轻易打电话。大家抱着革命热情仍然认真做好各项工作，择日全队出发。

我们的口号是与贫牧民同吃同住，全心全意为牧民同胞服务。

在医疗防疫工作之余就写一点日记或速写，把当时的感受记下来。

日记摘录　1968年5月15日　出发

经过一个多月的学习，安排好黑马河卫生所的日常工作之后，今天正式下帐篷了。这是今年来青海防疫任务的正式开始，也是我们由汉民生活方式转入藏民生活方式的开始；也是我由传统工作方式转入直接为牧民服务的开始，一切都是新的，今天，心里激动、兴奋还有点紧张，有一种战士出征的情怀。

这天，一清早就起来了，行李整理好之后，后院我的黑马已老老实实站在那里等着我，和这位大黑马相伴出征就要开始了。我摸摸这伙伴它没有反应也不调皮，于是放下心来参照着老汪、老马等的样子备马。从上笼头、系鞍带、安马镫一直到把饲料口袋拴在马屁股上，忙了一个钟头才完。经老战士的帮助和检查基本上就绪了。马镫要注意到是否是活镫，以免跌下马时脚拿不出镫被马拖死。这时，给马吃一餐丰富的豌豆料，我们则开会讨论工作。我表示决心要向贫牧民学习，坚决贯彻好“6·26指示”。

讨论完工作已九点半了，天气很好，太阳当头，穿着棉衣还稍感到有点热。在同志们亲切的欢送声中上马而去。好在我前两天骑了三次马共走了约40里路，今天在马上比较不那么紧张，

出发到牧民帐篷区巡诊医疗和宣传，牧民分散住在有水有草的山谷里，按照各个山梁划分生产队。每户帐篷相距数里甚至数十里，图中的三位骑手是马队长、老汪和朱晓东

坐得也稳些了。我的马又高又大，看起来也最有精神，吃起料来也最多，但是走得最慢，它年纪最老。一般都是骑4—10岁的马，而这匹黑马少说也十七岁了，因此，大家称它为“马爷爷”，因为实在老得可怜慢得出奇。好在对于我这初骑者也有保证安全的好处。所遗憾的是，别人的马总要在前面慢慢等着我。这使我有点不好意思。

既然天气又好，走得又慢，都不紧张。大家一路上又说又笑又喊又叫，边谈着工作边观看风景，说到风景也真是动人心弦。我们缓缓向东走去，前面是一望无际的绿色草原，远处是白色的羊群、黑色的牦牛群和散在的马群。近处小坡上到处可见碗口大的土洞，随时有野兔和旱獭子来回奔跑。兔子跑它的没关系，而旱獭子（当地称哈拉）却引起我们的注意，因为它是我们今后的主要斗争对象，它是鼠疫的疫源，是我们防疫队的死敌，几大桶杀哈拉的毒剂已为它们准备好了，但这些可恨的哈拉并不怕我们，总是站在洞口看着我们吱吱乱叫，直到距离我们十几米处才从容不迫地钻进洞里。它的洞深约2米，又弯弯曲曲，没有毒气是杀不死它们的。我们的左边是天蓝的青海湖，对岸看不清已和蓝天连成一片，只是海心山隐约可见。我们的右手则是连绵不断的山岭与山谷，这条山脉远处望过去发现它们在不同的高度有着不尽相同的颜色。最低层大约高出山脚100—200米，全是铺着一寸多长的绿草，到处放着牛羊，羊倌穿着土色的羊皮藏袍坐在草地上休息或缝衣服。

这是最美的地方，更高的一层远看呈褐色，全是1—2尺高的灌木丛，那儿全是沼泽地。山的最高层则是白色的雪岭，云雾盘绕其中。据说要翻过这山顶到山南去，骑马得一整天。每个山口多有清澈的小溪流出，小溪汇成小河流入青海湖。沿着小溪是散在的帐篷。我们要去的地方就是距黑马河20公里的温八德公社。

草原气候瞬息万变，走到半路山风一吹，穿棉衣已感凉意。到了中午突然阴云密布，狂风夹着雨点迎面打来。我们三个队员肚子也饿了，衣服也湿了，于是随便找到一家帐篷，把马拴在帐前。男主人不在家，一位三十岁的女主人热情招待。她不甚通汉语。她一面收拾帐外已干的牛粪，一面给我们烧奶茶，接着就是一顿炒面（Zanba）。问了一下会一些汉语的大孩子才知已到温八德，再翻一个山梁就是公社书记拉西木甲的家了。

下午一时，雨已停了，肚子也填饱了，就告辞主人登马上路，谁知这些山梁太难辨认，一下子又走过了头，直到下午四时才在深沟中找到了书记。书记很忠厚热情，可以说些生活上的汉语，但无法讨论工作。于是说定先住下，明日找汉语好的同志来一起谈。这时，阴云压顶，风又大了，我们跑了一天也累了，就

5月雪——拉希木甲的帐篷　海拔约3500m

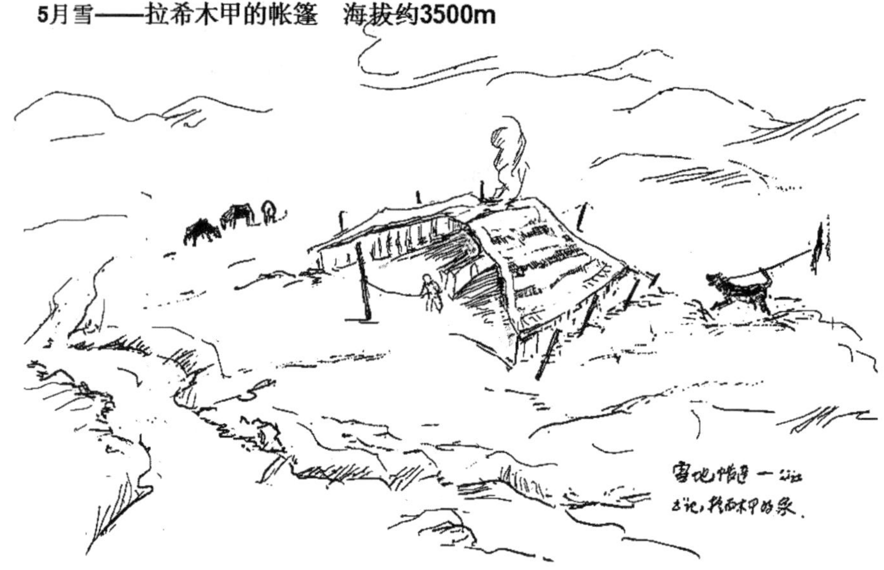

这是朱晓东第一天所住的帐篷，它是公社书记拉西木甲的家。夜间下了大雪，近处是牧羊犬，远处是马正吃野草。藏民的帐篷与蒙古族的完全不同，既没有完整的篷顶也没有可做围墙的篷布。篷顶是两块牛毛编织布从左右支起，中间的露天空隙用来排出炉灶炊烟。各种杂物如木箱、粮食袋、马鞍等排开当围墙，坐在帐内可以欣赏到帐外风景

坐在炉边喝奶茶休息。书记的父亲年已七十，一看就是饱受艰辛的贫苦牧民，至今他仍做着轻微劳动，我们虽言语不通，但通过手势、通过看毛主席像，彼此传递着亲切的感情和对于毛主席的无限热爱。

大约下午七时，狂风卷着雪花，霎时间山沟一片雪白。书记妻子将牛羊群安置好以后给我们做晚餐，我们匆匆吃过就睡了。因为太疲乏，也顾不得风雪和草地，躺下就睡着了，直到天亮。

上图中可以看到主人家3岁大的小孩被拴在帐杆上，主人可放心去做别的事。

每家帐篷之间相隔数里，甚至十多华里。帐篷多搭在小溪旁边，以便汲水做饭和打水洗脸，我未碰见过他们洗衣服。

深山夜宿图。这是帐篷的客房部分。当客人进入帐篷时，必须顺着右手进去，在这里吃糌粑喝奶茶，聊天开会。在炉灶的对面是主人的内室，女主人在那边做好食物隔着炉灶递给客人

帐篷外的狗有时跟主人上山放羊，有时看守家门，晚上就卸下铁链去护卫主人的羊群，据说藏民的牧羊犬比狼还要厉害。

大约晚十点吃过酸奶就地“铺床”睡觉。图中的三个人是医疗小分队三个队员，最外边的那位就是我。可以看到帐外的猎犬，好在藏民的狗纪律很严明，没有主人允许猎犬决不进入帐篷。帐篷门口睡的是男主人，他盖的“被子”就是他随身穿的藏袍。

帐篷正面是敞开的，没有门也没有门帘。

日记摘录　1968 年 5 月 16 日　失马

昨天太累糊里糊涂睡了一夜，今晨醒来书记一家都已起来，

书记到黑马河乡开会去了，妻子已将羊群放走，只是牛群未动，婆媳二人正在挤奶。我们赶快起来，帐外雪已停止，满山一片雪白。等到门前小溪洗过脸，一看，不好了，我们的三匹马不见了，因为昨夜马儿就在帐前吃草我们也未注意。

根据老任的经验和主人的意见，认为马是丢不了的，马是本公社的，最多跑回自己的生产队。估计马是为了寻草跑到山下低洼雪薄的地方去了。我们三人喝过含有少量酥油和炒面的奶茶（这就是早点）就一起下山找马去了。空旷无人的山谷好在有三匹马的脚印，随脚印去寻找倒也方便，但到了谷口的一片沼泽地时马蹄印没了，我们无法找了；又找了好一会，在一家帐篷前找到了我的黑马、老马的青马，但另一匹白马丢了。我们三人在山地走得虽不远，但在3200多米的山坡上行走早已累得气喘吁吁，回到拉西木甲帐中，备上鞍子，我和老汪骑马找马，老马则只好在帐篷中等候。

我们找了一整天的马，藏民也帮我们找，仍无影无踪，但也有收获，一面走一面到各帐篷看病，直到天黑才回到住处。正在发愁时遇见了公社民兵连长玛乃，他说他在左龙生产队的马群中看到了我们的马，大家才放了心。

大雪又厚厚地压来，主人不时地用木棒击打棚顶以免雪压得太重。今天不累才来得及看看我们的住处的情景。

原来所谓“帐篷”仅仅是有“篷”无“帐”，只有“顶”没有“壁”。篷由两大块长约10米、宽约5米的黑牛毛编织成篷布左右并列而成。两块篷布之间保留约半米宽的裂隙正对着帐内炉灶和燃料（即牛羊粪），起到排烟作用。篷布的边缘并不落地，悬空近1米。由粮食袋和日用小木柜砌成围墙，帐前面没有遮挡，直通大自然。我们三人所睡的地方就没有“墙”的概念，我睡在最外边毫无“室内”的感觉，因为躺下后向左即可望见十米外的羊群和雪地，向头侧可以见到拴着铁链的大狗，向上可以从两块

一天开始。早上天亮起床，到附近不远的小溪洗脸刷牙，并不觉得很冷。女主人已煮好奶茶，奶茶中加入青稞炒面就是我们的早饭——糌粑。然后，我们有半小时的“天天读”，当然，特殊情况也可减免，然后，骑马到各地巡诊

篷布间望见天空。好在炉火甚旺，我睡的右侧还算暖和，真正尝到“火烤胸前暖，风吹背后凉”的滋味。为了挡风，我们把三个马鞍子、三个出诊箱、哈拉袋等所有可能的东西堆在篷下把我的铺盖与雪地隔开。谁知我们帐外的大狗不知何时取下了铁链，突然从帐外将我们挡风用的马鞍拉出到一米多远的雪地上，要不是女主人赶快喝住，说不定还要咬我们的脑袋呢。但这也把我们搞了一场虚惊，再次把“墙”堵好，虽然草地坑洼不平，但也顾不得那些，草草地钻入被窝入睡了。

回头看看炉灶对侧的主人，睡觉比我们简单多了，铺一张羊皮褥子，往地上一趴就可睡了。不过，最简单的要算书记3岁的小女儿松酷吉，她从早到晚被一根1.5米的牛毛绳子拴在帐内炉前的帐杆上，她就在这直径3米的范围内愉快地生活，她在这儿

睡觉、喝奶、吃炒面（糌粑）、尿尿。正像她父亲所说的她和小狗一样应该拴在一处，这样，她妈妈可以出外劳动，她也不至有跌入火炉的危险。只有到4—5岁以后才能解放，好在小松酷吉她很乐于这种生活并不反抗；有时还和拴在两米外的小羊羔打闹亲吻一会儿，直到晚十点才无声息地绑着绳子睡在炉前地上了。这时，妈妈也忙完了，才铺好羊皮把她从绳上解下来盖一件羊皮袍过夜。但是，明天不等她醒来坚固的牛毛绳又要拴到小家伙的腰上了。

日记摘录　1968年5月18日　跌马

昨天总算从马群中把失去的白马找回来了。这次，马虽找回来了但缰绳丢了。大家吸取教训，晚间一定用“马绊”把马的两条腿绊起来，使马只能缓慢行走就近吃草，再不敢大意了。有了马，天也晴了，这儿雪融化得很快，只用半天青山就露出了全貌，我们正好每日串帐篷，有病看病，无病也宣传“6·26指示”和卫生知识，特别强调他们要及时报告“自毙旱獭”，这是鼠疫在鼠间流行的特征。

这儿山区很少有医生来，所以一听说曼巴（即医生）来了，不少藏胞从很远来找我们看病，为了尊敬我们都称我们为阿卡曼巴。广大贫牧民对我们十分热情，大家同声感谢毛主席对他们的无限关怀。

这儿的习惯是帐内被长条形的牛粪炉灶分为左右两半。一进帐篷，客人都到右手侧坐下，而对面左侧是主人的“内室”，外人不能进去。灶的旁边大家围坐成半圆形，最尊贵的头号客人坐最里边，主人则背朝帐门相陪。女主人就在灶的另一侧做饭递茶。老汪告诉我，到了病家也不是立即看病，都要坐下喝过奶茶方才开诊，当然，这是指一般不太急的病而言。

巡诊了两天，最常见的是胃疼、背疼、关节疼，尤其是妇女

与主人一起进餐——吃糌粑，就是奶茶与青稞炒面混合成团，戴眼镜者（朱晓东）在碗里和面，主人正在把碗底吃干净，女主人正在打酥油

没有一处不疼的，因为她们一年四季弯着腰生活，弯着腰劳动，吃不太熟的牛羊肉，而且终年在草地上劳作。当然还有其他病，特别是布氏杆菌病、肝包虫病和性病都是亟待解决的。这儿比较严重的病人只有两名，一个是二队的拉贝，一个是四队的拉米河，可能是败血症，有关治疗情况已向公社汇报。

每天忙来忙去，骑马也大意了，昨天鞭打我的黑马慌忙赶路，在奔跑时突然感到好似马要向右倒下，随后，一瞬间，也不知怎么回事我发现自己被甩出倒在草地上，怎么跌下来的全然不知。只是感到腰疼所幸没有大伤。我的马也没惊，只是站在那里看着我。这次摔下马取得了两条经验：第一，在马上不但要注意前后平衡，而且要特别注意左右平衡，在马背上物品放置不平衡时更要注意；第二，马的前肚带一定要系紧。

今天倒很注意地骑马，谁知在去拉米河家的路上马陷入三尺深的泥坑，马肚已沾泥，我这时心慌意乱半主动地滚下马来，下半身已全是泥。老汪、老马告诉我这种情况不应该跳下马，而应该双脚脱镫在马背上镇静地等着它跳出泥坑来！不过这也没什么，要学会骑马总是需要付点代价的，这仅仅是很小的代价而已。

医疗小分队负责的山区北面正对青海湖，南面是没有尽头的高山峻岭。我的坐骑是一匹老马，虽走得慢但它也累得直喘，这倒安全，因为它也不愿快跑。

图中我正在翻越南山最高的山梁，大约海拔 4000 多米，山梁顶部宽约 30—50 米，两边没有遮挡。此处山风甚急，人在马上摇晃。老马、老毕等老队员说，风如果太大必须让马卧下，我们自己趴在马身边才能安全。翻过此山到达山南，那里属于阳面，气候明显变暖，树木也多些。

每天的马背生活

此时，我的骑马技术有些进步，能够在马背上调节臀部与马鞍的撞击部位，不至于再发生溃疡了。

在帐篷内看病时，病人习惯地跪在地上，医生也要半跪在地上才能方便进行听诊和其他检查。

医疗防疫队每天基本任务是看病，免费送一些简单的普通药物，宣传卫生常识。在我们数月的调查中发现这里的常见病有其特点。

女性病人腰疼最多见，因为每天弯腰打酥油的体力劳动和挤牦牛奶，完全是妇女承担。妇女分娩技术不科学，常伴有各种妇科病。男性则外伤和不洁的性病比较常见，多半是淋病。不分男女的常见病是胃肠道疾病，这和饮食习惯有关。

有一点要说的是，藏民平时很少有蔬菜供应，但是他们从未遇到维生素缺乏或夜盲症的病人。据说这和藏族同胞每天晚饭后吃酸奶有关。藏民的酸奶与城里的不同，它像北京的老豆腐，比较硬，味道很酸，提供了多种维生素。另一点是藏族洗澡少，卫生条件差，但手术很少感染，抗生素用量很少效果却很灵。

帐内巡诊

日记摘录　1968年5月24日　适应马背生活

几天来主要是到各家补种疫苗以及看重病人拉米河。今天放晴，气候还好一点，昨夜大雪，到山沟中巡诊是比较费劲的，工作效率也受影响。现在已有三个半生产队（Ⅰ、Ⅱ、Ⅲ号沟）补种完毕，明天回黑马河交流各公社补种经验，计划回来后再补种5、6、7队。现在生活方式已经定型了，每天都是早上7点多起床，洗过脸（到100米外的小溪里，水寒刺骨），回来吃一碗女主人早已备好的酥油奶茶然后备马。约9时就开始了全日的马背生涯，骑着我的老黑马到各帐篷去，到哪里都要喝茶或吃糌粑，没有时间和顿数的概念，什么时候饿了什么时候吃。老汪和老马还吃一点，我呢？肚子怠工根本不饿，我只喝一点茶，总到下午6点多才勉强吃半碗糌粑，如按两计算总量超不过二两，最后在夜10—11点吃1—2碗牛肉煮面片（藏语Kuan），紧接着就是大半碗酸奶（藏语Shou），这碗酸奶也是这一天的闭幕式，放下碗就按常规铺床睡觉。我们每天活动时间大约12小时（早9点至晚9点），马背上和帐篷内活动时间比例大约为3∶1。

总之，除了吃不多（因前几天腹泻，这两天便秘无食欲）之外，一切都习惯了，脸也黑了，骑马时腿也不疼了，臀部溃疡也好了，可能体重也减少了几斤分量。

日记摘录　1968年6月初　山洪

前天下雪昨天下雨（山上仍下着雪），今日突然放晴，气候变暖。山上融化的雪水正流入小溪与小河。一早起来，准备到公社换马然后巡诊，因为我的老马走不动了。我和老汪同志一起到扎哈龙生产队，我们路过一条小溪，宽约数米，水深至膝，清澈见底，溪中有些巨石，我们牵着马走过小溪到夏得球生产队，他

巡诊路上遇到山洪，水并不深但河底不平，浅处仅半米、深处可达一米多，水流很急，水浑浊不能见底。水浪越响的地方水越浅，安静不响的地方则是深水区。我不懂这个规律，专找水波平静之处结果遇到了惊险场面。事后，老马、老汪才告诉这些经验

们给我换了一匹高头大白马。几个牧民小伙子骑给我看，这匹马果然能走能跑也比较老实，只是我这白马是独眼龙，左眼不好，容易惊吓。我们在那里工作到下午六点多，骑马原路返回驻地。当我们走到上午经过的小溪时大吃一惊，原来很窄的小溪变成20多米宽的小河，原来清澈的溪水变成黄色泥水看不见底，原来静静的流水变成山响的小浪。老汪说这是雪山化的水，每天下午如此，水并不太深。我很紧张，在马背上紧握缰绳，让马好找浅处过河，哪知，就在接近对岸时，马的前蹄突然陷入暗槽之中，我的马镫已浸入水中，我可能翻身滚入河里，就在这紧急瞬间，奇迹出现了，说时迟那时快，我的白马突然后蹄用力，前蹄跃起，纵身跳上对岸，我也被甩在岸上，虽沾了一身泥但未受伤。老汪

已从另一处过来，我惊魂未定、狼狈不堪，傍晚赶回驻地。

日记摘抄　1968 年 7 月　深山之巅的不测风云

从山脚的绿色草地层，登上黑褐色的山峦，看到满是一尺多高的灌木丛，中间夹杂着青草和各色小花；这是更高的一层，是我从未登过的高度，距湖面高出约 300—500 米。这儿的云就在头顶飘，雷电就在身旁嚎，乌云吹来，立时一阵冰雹或急雨，我披着斗篷式雨衣穿着棉袄还冷。但走不多久过一个小山梁，只见乌云散去，又是七月烈日当头，穿棉衣又觉得太热了。这样一直走到中午，马也乏了人也累了，登到灌木丛层最高处，大约比黑马河地面高出 1000 多米，已接近积雪层。

这种高山上风雨骤变，转过一座山就变成另外一片天，我从未经历过。山顶上的炸雷就好像响在身旁，非常可怕，但在老队

高山远行有感

员的鼓励帮助下经受住了。等后来到帐篷里安顿好以后，回想起来很兴奋也很高兴。

事后写了一首打油诗：

高山远行

高山飞雪低山雨　中层冰雹断断续
东山烈日当头照　坡西正是倾盆雨
雷轰鸣，山雨急　恰似雷公贴耳语
马儿吁吁无需催　灌木丛上飞马蹄
深沟峡谷不足道　雨后山洪又何奇
只为贫牧来看病　艰难困苦锻炼你

黑夜山间出诊急，牧民和老队员告诉朱晓东夜间骑马不要指挥马，而是让马自己走。马儿自己走夜路更安全

三、开展各类手术

因地制宜——开展手术

黑马河乡从未开展过手术，即使一般阑尾炎也要送到上级医院如江西沟卫生院，重病号要送到西宁去。每年冬天大雪封山，牧民有病要送下山来，非常艰难。

医疗小分队到达黑马河后立即开展工作，流放所的防疫人员重点是灭鼠，医疗小分队几位医生协助他们打防疫针，医疗小分队做手术和巡诊则有流放所同志协助。大家是一个整体，既分工又合作，决定立即筹建简易手术室。

准备手术室

门诊室隔壁有一间杂物室大约20平方米，只有一扇门一个窗。搬来家具和手术器械，一切用品在后院蒸汽消毒。

5月初仍然很冷，室内要生炉子取暖，一人在装烟筒，一人悬挂毛主席语录，我蹲在地上吹火，吴爱如大夫擦窗户，那张长桌权当手术台。最后打扫卫生，喷雾消毒，搬进去手术器械就可以做小手术了。

日记摘录 1968年6月18日 手术

来黑马河开展工作后，5月13日协助吴爱如大夫（妇瘤科，来自日坛医院）做了一例妇科手术。6月3日我在帐篷内做腱鞘囊肿切除术，6月6日第一次独立接生，6月7日第一次拔牙，6月9日第一次行大隐静脉结扎。随后，不断有一些较大的手术如肝包虫囊肿切除术等，我的心脏外科专业在这里用不上，一切都

为新手术室做最后准备，打水、消毒，明日手术。院子也搭起临时小帐篷，以安置病人和家属

扁桃体摘除手术

要从头开始，创造条件。我们因陋就简建立手术室，从打扫房间、室内消毒、洗敷料、备器械、高压消毒、人员分工、房间设计、一般用品准备到手术后处理完，完完全全要自己动脑筋，比在医院要费力十倍，体外循环手术也不及如此费神。好在到目前为止手术尚顺利，影响尚好，和卫生所的关系也还不错。

我 10—14 日到江西沟乡帮助培训卫生员，讲课兼做些手术。每天早上和乡里干部一道天天读，11 日请老贫牧民那木香，忆苦思甜，结合门合同志的英雄事迹进行学习讨论。

这些天由于手术接连成功，对于黑马河乡来说就是一个新闻。有些群众对我们中央来的曼巴、开刀曼巴更另眼相看，我正准备向医院大联委（2013 年注：可能是医科院）写汇报提纲。

我在学校学过五官科，但从来没有自己独立做过扁桃体摘除手术。在这种困难条件下，为方便牧民只好迎难而上。我仔细回想学习过的知识，准备好器械，支好手术台，终于顺利完成第一例耳鼻喉科手术。我从事的心脏外科在黑马河没有用武之地。

少数是急诊手术如外伤等，通常是择期手术。每次安排手术数目不等。远道的病人和家属可以住在临时搭建的帐篷里。

有一例肝包囊虫病人，我在这里做了肝包囊摘除术。顺便说，肝包囊虫病不仅藏民多发，这里的汉族修路民工也深受其害，这与不洁饮食习惯，吃了病羊肉有关。所以说，20 世纪 60—70 年代整个青海高原的医疗卫生条件都相当落后。

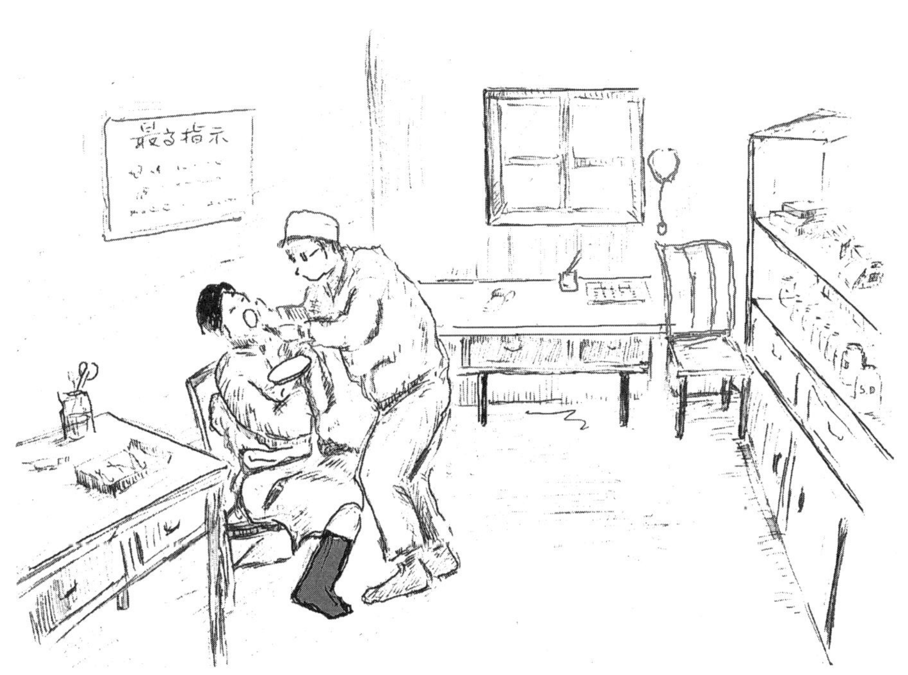

拔牙，对朱晓东来说也是难题，他硬着头皮充当了牙科大夫

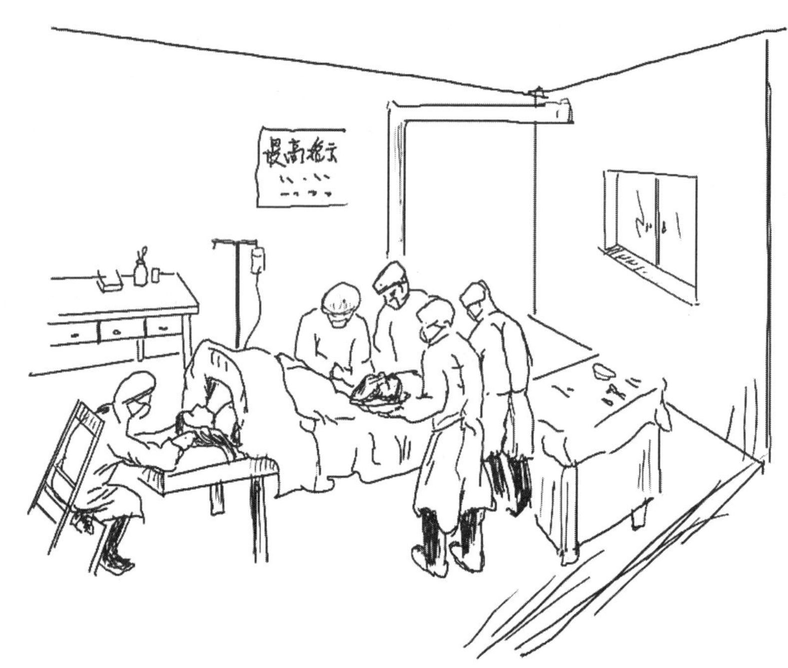

朱晓东协助吴爱如大夫做手术，吴大夫有经验，手术很顺利。这是一例巨大卵巢囊肿摘除术

手术进行中，病人家属坐立不安或俯窗窥探，朱晓东很理解病人和家属的焦急心情，为此做了最充分的准备

一天手术顺利结束，虽然很累但心里很高兴

清洗敷料。手术的敷料要回收，手术器械要立即清洗。没有自来水，全部拿到附近小溪中清洗，5月的水仍然很凉，清洗后回到卫生所晾干消毒

这是上一级卫生院——海西州江西沟卫生院，距离黑马河需3—4小时车程。这里条件稍微好一些，有时医疗队的两位女大夫到这里会诊，朱晓东偶尔来这里手术

重症紧急护送至上级医院家属心情焦急，为此医疗队做了最充分的准备

四、防疫工作（主要针对鼠疫）

鼠疫是极其危险的烈性传染病。20 世纪初，我国东北农村曾经流行，发病急、传播快，常常蔓延全村。鼠疫发病有两种类型，一种是腺鼠疫，全身淋巴结肿大，另一种是肺鼠疫，表现为急性肺部感染，这两种类型都会使病人在数日内死亡。当时没有防治办法。直到 20 世纪 30 年代，我国流行病专家伍连德博士采用多种防护措施控制了鼠疫蔓延。新中国成立后基本上消灭了鼠

旱獭，大型啮齿动物类，长约 40 厘米，重约 6—9 千克，是青海、甘肃的鼠疫主要储存宿主之一。栖息于海拔 2000—4000 米的草原，多栖息于向阳坡上。自 10 月冬眠可长达 6—7 个月。每年出蛰繁殖一次，每胎 4—5 只，生后 3 周可出洞，洞深 1.5—3.5 米，洞口有 2—3 个，直径约 20—30 厘米，内有窝巢 1—3 个，每巢有 4—10 只不等。旱獭为家族群居，每家还有临时洞穴。吃野草，活 9 年。其肉可食，其皮可用

山坡上到处都是哈拉洞，打油诗云：青海南山有三层，绿黑白色界分明，山脚无数哈拉洞，嘁嘁喳喳叫不停，今天来了防疫队，决心拔源不留情

疫，但个别牧区仍有零星发现。鼠疫是由鼠类传播，不是家鼠而是草原上的野鼠，繁殖很快，鼠疫病死后可以传给人类。青海牧区的野鼠是一种特殊品种，个头很大貌似小兔，当地称为哈拉。医疗防疫队的重要任务就是消灭哈拉。老汪和队长老马都是灭鼠专家。

防鼠疫处理野外病死的旱獭示意图，医疗防疫队没有遇到鼠疫病人，但有死旱獭。及时收集死旱獭送上级医院化验，是防疫队的重要任务

8月　给民工分派任务

夏天许多内地民工或平原地区的汉民、回民到这里修路，他们容易误食病死的哈拉肉，医疗防疫队经常对民工进行防疫教育

妨鼠疫 黑马河站 1968

运输队防疫检查，主要检查有无发烧的病人并追踪可疑病人和接触者，必要时控制交通以防疫病扩散

在防疫检查站登记过往车辆，确定没有可疑传染病人

到各家注射疫苗，牧民常常不理解、不重视，往往需要数次补种。这也是为什么防疫队要和医疗组相结合，可同时为牧民看病，达到提高顺应性的目的

五、与藏族同胞的沟通和情谊

万德香（译音，也叫万德）是一位快乐活泼的小伙子，约18岁，是专门派给我一起工作的卫生员兼翻译。我骑马很小心，马鞍和肚带绑得很牢，而万德经常不用马鞍骑在光光的马背上奔驰，同行时万德经常是跑在我的前面老远，然后大声呼喊等着我。我们成了好朋友。

万德也是重点培训的卫生员，他很爱学习，大家都很喜欢他，万德成了医疗队的一员。大家努力改变万德的某些生活习惯，第一件事就是发给他一块肥皂，要他浑身上下洗干净然后刷洗衬衣。果然，小伙子的衬衣变成白色了，看起来更帅了。

我和万德经常在一起，有时为工作方便就住在他家，这使我有机会深入了解和体验藏族同胞的生活环境与习俗。从经济条件来讲是相当贫困的，大山里的牧民与外界沟通较少，确实处于缺医少药的局面。另一方面，藏族同胞很少有大城市某些市民的市侩习气，他们非常淳朴、诚实厚道，即使有路过帐篷的陌生人，他们也会热情接待。这一段生活对我来说是极其重要的经历，对我的人生观有很大影响，使我终生难忘。

日记摘录 1968年7月10—20日

卫生员万德香的家。

5日夜下了一夜雨，6日晨黑马河上空仍飘着牛毛雨，我心中十分着急，因为下着雨不但驼的行李会打湿而且坐骑不稳。幸好早饭后约9点钟雨停了。把我的白马“拉贝”牵回来，喂过料匆匆备鞍上马。为了方便我只带了一块橡皮布、狗皮褥子、棉被和皮大衣。大衣由万德香的马驮着，其余物品放在马褡子内。

一切就绪，学完老三篇就出发了，几天的阴雨山洪已经下来，卫生所宿舍就能听到黑马河水的呼啸。我们小心翼翼地上马跟着万德香，他知道哪里水浅哪里水急。

万德香家放养的是公羊群，要吃一等草，所以他家比一般人住得更高更远，哪儿草好是母牛群平时不到的地方，也是对公牛的优待。究竟他家住得多高多远我心中也无数，因我从未登上过山顶，只好对着面前的绿（草）、黑（灌木）、白（雪）三层高山边走边想象。我们蹚过几道洪水就从山沟登上了绿山，万德香多次大喊“Rema song”（让我催马加鞭），但我以稳妥为方针没听他的。山脚下草地为绿色层，我算它第一层；再登上数百米就看到满是一尺多高褐色的矮灌木丛，青草和各色小花散在其间，我把灌木丛生的高度理解为第二层；是我头一回登上这么高，距湖面高出约300—500米。这儿的云就在头顶飘，雷电就在身旁嚎，

朱晓东的助手兼翻译——卫生员万德香

乌云吹来，立时一阵冰雹或急雨，我披着斗篷式雨衣穿着棉袄还是冷。但走不多就过一个小山梁，只见乌云散去，又是七月烈日当头，反而又觉得太热了。这样一直登到灌木丛层最高处，大约比黑马河地面高出 1000 多米，已接近积雪层，万德香告诉我他家快要到了。放眼望去，山洼中隐约有三顶黑帐篷，那就是万德香的家、他哥哥的家和另一家。不管怎么说总算顺利到达目的地，我们就要在这片山区开展工作了。我计划在他家住十几天，巡诊和技术培训。

万德香一家人都十分热情，每次上马总是让我先上，下马总是争着给我拴缰绳、卸马鞍、拴“马绊”。晚上吃“手抓羊肉”也总是把带肉的肋骨和脊柱（这是最好的部位）招待我，结果，我们都争着吃四肢骨（这是稍次的部位，肉少筋多不易咬）。万德香的妈妈常开玩笑，我也帮她做一点事，每天吃过早饭我就和

万德香的家在大山顶层，适于放养公牛群

万德香一道巡诊去了。

万德香现在的家一共五口人：万德香的亲生母亲、哥哥和七十多岁的外祖母一起住在另一个帐篷。万德香没有父亲，万德香7岁时被送给现在这位母亲，她已四十多岁未正式结过婚，生了两个女儿。她的大女儿也未结婚，现已生了一个3岁的小男孩。看来他们过得很安静、愉快、富裕。似乎并不太必须要有一个“父亲”。因为一般女人的劳动力都很强，并不需完全依靠丈夫。据说这儿还有一个习惯：未婚女子可以自立帐篷独住，而未婚男子不能自立帐篷。所有这些使我联想到这是过去反动的达赖喇嘛和国民党反动派长期残酷统治保持农奴制的结果。在生活上保持“母系社会”的原始方式，新中国成立后这种现象已迅速改变。一般来说都有完整的家庭，妇幼卫生保健改善了。生3—4个孩子的母亲已不罕见。我想，今后进一步贯彻“6·26指示”，藏胞一定会人畜两旺，社会发展，生活幸福。

结束一天巡诊，朱晓东回到万德香的家。他妈妈帮朱晓东拴马卸鞍，他的侄女牵着朱晓东进帐篷，大家很快熟悉，成了好朋友

难得的午间休息，在黑马河山中巡诊，每个牧民点相距数十里，整日在马背上，没有时间概念。这天中午在万德香家帐篷旁边的山顶上休息。朱晓东的马在附近吃草，周围草地布满不知名的小黄花，非常漂亮，四周无比寂静。这时是7月末，太阳下暖洋洋的，很舒服，朱晓东就睡在草地上，好像置身于仙境

牧民告诉我这里的山鹰又大又凶，落地后有一米多高，在空中随时发现猎物，能敏捷地抓住野兔。为防山顶雄鹰来袭击，我用棉袄蒙头以防万一。

六、队员的短暂休整生活

日记摘录　1968年6月2日　集中休整

自5月25日同志们从各自的公社回黑马河以来，接种任务已完成60%—90%，江西沟的陈关君和吴爱如大夫也回来了。虽

黑马河卫生所后院——小分队驻地

每隔两三星期从牧区回到黑马河乡卫生所休整。队员们彻底洗澡洗衣服，可以吃到汉民饮食，用高压锅做的饭基本上熟了。大家理理发，老毕同志还能打只野兔。大家过得很高兴，只是挂念北京家里的情况

然分开不久但由于环境的不同，自生产队回来一见面倍感亲切，冷冷清清的卫生所又热闹起来。每天一起背老三篇、开会、交流经验，同时也做些休整工作：补充药品器材、洗衣、互相理发、抓鱼、打野兔，晚上就煎黄鱼、烧兔肉吃。当然写家信更是一件重要的内容。

根据第一段工作情况看来，宣传“6·26指示”和毛泽东思想是不够的，过于强调客观原因（分散居住，语言不通）。自旱獭的化验结果江西沟有两处阳性，黑马河均阴性，也许是这里去年搞得比较彻底之故。几天来，我的消化又好些了，体力也增加了，明日回温巴德去！

在休整期间下棋

每年五六月，青海湖鳇鱼逆行游至小河产卵

黄昏放马，给马卸去马鞍和绳索，只在马的两条前腿上绑一条长约半米的绳子成为“马绊”，马可以夜间任意走动吃草但不能够快跑，否则第二天早上就抓不到马了

期盼家信

读书思考

1968 年的速写和日记片段，反映了我当时的思想和满腔的革命热情，不怕脏、不怕累（在 3200 米高原的卫生所休整期间，我是为厨房挑水的主力之一，水井距厨房约 100 米）、不怕苦、不怕病（高原病、布氏杆菌病、包囊虫病等），从心眼里同情、爱护和尊重藏族同胞。我也体验到青海高原和北京的差距，开始萌生民族要自强的迫切心情。

1990 年，我带领心脏手术小队到西藏拉萨手术，更增加了我的民族自强感和民族自信心。我相信：我们一定能够把百多年来外国列强、腐败无能的政府造成的贫穷落后的局面彻底消除。

今天重温 50 多年前的记录，我常常自问：我为祖国的医疗事业努力了吗？我对政治判断的能力提高些了吗？我整理这本小册子的初衷就是鼓励自己继续尽力做一些对国家、对民族有益的事情。

2001 年，中央电视台“东方之子”节目组在朱晓东家拍摄他在青海医疗队的速写本

第三章

温暖的家：艰苦奋斗　和谐幸福

一、五十年代的恋爱与婚姻

千里姻缘“战争”牵

1950 年 12 月 1 日，中央人民政府革命军事委员会、政务院发布《关于招收青年学生、青年工人参加各种军事干部学校的联合决定》。这个动员令把爱国主义和抗美援朝、保家卫国的精神贯穿始终，深入人心，让全国青年学子热血沸腾。特别是报道了志愿军已赴朝参战，学生们更是急着上前线。当时吴锡桂是湖北省第一女子中学高二年级的学生。学校同样是热火朝天，同学们

朱晓东所在的学习组

自发地组织起来报名参军。学校也忙着布置报名处，联系医院安排查体等。吴锡桂和她的好友蔡凯华是先报了名、查完体、已接到被批准的消息后才回家通知家长的。学校在武昌，吴锡桂家住汉口，集合地点离家里不远。蔡凯华路过家门时给她父亲打个招呼就跟着来到吴锡桂家。当吴锡桂把报名参军赴朝作战的消息告知家人后，家里真的好似开了锅。年近八十的奶奶一把鼻涕一把眼泪地大哭起来，边哭边数说她如何把孩子带大，这一走她再也见不着了。母亲默默流泪，只说姑娘家出去她不放心。只有父亲虎着脸在最后才发了言，他说："哭什么？有什么好哭的！把孩子交给国家我放心，共产党讲究男女平等，女孩子出去闯闯有什么不好？"吴锡桂家是父亲说了算，父亲的表态成就了她。次日，父亲把吴锡桂和蔡凯华送到集合处。看着两人穿着棉军服飒爽英姿的样子，父亲笑着摆摆手离开了。与此同时，来自河南开封高

吴锡桂所在的学习组

二的朱晓东也报名参军，可能是同乘一列火车北上的。因为在车上才知道，来接大家的是哈尔滨医科大学的老师，一位领队的老师告诉大家，朝鲜前线需要救护人员，军委委托哈医大对这批学生培训3个月后赴朝作战；并说他们要接收的学生都到齐了。就这样，我们后来就成了同班同学。

同窗友谊不断升华

到哈医大后，学习时间随着前线战况变化而不断延长，本来说培训3个月，后来说要学半年；又说前方需要医生，让大家学习两年。当板门店停战谈判后，军委委托哈医大把同学们确定为医学本科，按正规医科大学要求培养成德智体全面发展的军医，学制5年。当时部分同学原有当工程师或艺术家的梦想，当初吴锡桂也是揣着当战地记者的心愿报名参军的，因为女作家丁玲曾是吴锡桂崇拜的偶像。但很快像大多数同学那样坚决服从分配，叫干啥就干啥，高高兴兴地学医了。学员队的建制和部队连队近似，给学员队指派了指导员，还把党支部建在学生队里。大学5年军事医学学生生活是丰富多彩的。首先是进行爱国主义教育，介绍日本侵略者在中国，特别是在东北犯下的罪行。带领学员参观“细菌战”展览，让大家记住亡国耻、民族恨。其次是解放军传统教育，要求学员遵守纪律、团结互助、军人仪表、军事训练等，每天最主要的任务是学好各门功课。为此领导要求不许谈恋爱。入学时同学们的文化水平参差不齐，有些同学学习压力很大，大部分都没有心思谈恋爱。但因同学们整天互相接触，而且年龄也渐渐长大，自然会有情感故事的发生，有许多是不经意的。到进入临床阶段时大家也都成长了，领导想堵也堵不住，但大家不学自会地隐蔽、不表白或转入地下。直到5年半学业结束，军委代表在全体大会上给学员授军衔时却在会上宣布：“同学们，

5年多同窗，还没能一起照相，这是吴锡桂所在班集体照

你们当中如有相好的、恋爱的，请你们赶快报告组织，能照顾的尽量把你们的工作分在一起，否则一个分在海南岛，一个分在黑龙江，将来再想调在一起，那就麻烦大了。”会议结束后不少同学双双去指导员办公室报名，我们俩也在这个行列。就这样，我们还有另外6位同学被分配到北京解放军胸科医院。领导指派吴锡桂负责保管分配去北京胸科医院8位同学的档案，嘱咐她千万不可遗失。在两天一夜的火车上，白天吴锡桂把档案抱在怀里，晚上它就是吴锡桂的枕头。这个故事后来还被医院2011年春节联欢会搬上了舞台。

水到渠成

在 5 年半的同学生涯中，同学间互帮互助，团结友好，亲如兄弟姐妹，领导不许谈恋爱，同学们从表面上看不出来谁与谁之间在情感上有太大的特别，但相恋两人之间可能是“情有独钟”，这是人性的表现，是压抑不了的。吴锡桂也曾奇怪，在朱晓东当外科课代表期间，只要哪天有外科课，学习结束后，在走进食堂时吴锡桂总会把每个饭桌放眼扫描一番，搜索朱晓东来了没有。因为朱晓东是外科课代表，常需帮助老师收拾实验器材，或有其他事吃不上热饭，这种情愫只有自己才知道。直到 1954 年学校放暑假，首次宣布大家可以回家探望亲人，同学们都喜不自禁地安排想早点回家，看望离别 3 年多的家乡和亲人们。朱晓东的老家在河南开封，吴锡桂的老家在武汉，可乘一趟车，因而可结伴同行。谁知道车到郑州时朱晓东拿起两人的行李不由分说地说：“到站了！快下车！”吴锡桂说：“那合适吗？”“你到开封玩玩，看看我的家，有啥不合适？”朱晓东拿起行李就下车，吴锡桂什么也来不及想，顺从地跟着下了车。到了开封，朱晓东家住的是一套三间房的老院子，他的父亲是当地一所重点中学的校长，具有文化长者的风范，据说是开封无党派人士的政协委员。母亲是一位中年妇女，还有两个弟弟、一个最小的妹妹。全家人对吴锡桂都极热情，弟妹们称吴锡桂姐姐，安排她住在离他家不远的父亲工作的学校的办公室。朱晓东母亲闲聊中问了吴锡桂家里有关的几个小问题，便忙着张罗买开封的特产招待吴锡桂，还把她换下的衣服洗了叠好。第三天吴锡桂回武汉时，让她带上开封特产“马裕兴”的烧鸡给武汉的家人尝尝，还一路说着“以后一定常来呀”之类的话。开学后，我们都按时返校，表面上像什么也没发生过似的，但彼此内心都“有了底”。直到结婚前吴锡桂才问：“那次去开封，你妈他们对我说了些什么？”朱晓东嘿嘿地笑着说："我妈说，你带回的这个闺女还不错，一看那双补丁摞补丁的布袜子就是一把过日子的好手。"但朱晓东隐藏了一句话没告诉吴锡桂，直到前不久才透露出来。他妈最后一句话是："就是这闺女个子有点矮。"吴锡桂能理解老人的心情："谁让他们家的女同胞，他妈、他姨、他妹妹都是一米七五左右的身高，我身高一米五五，那个年代总还算中等身材吧？再说，当时买布凭布票，我还可以节约点布票哩！"大学毕业从哈医大整理行装来北京时，吴锡桂惹恼朱晓东发了一次脾气。那时许多同学都买一个用木板钉的简易运货木箱，装书籍和杂物以便托运。朱晓东事先未告诉吴锡桂，在他整理物品时指着另一只木箱子对吴锡桂说："这是你的。"吴锡桂当然很高兴，她正为自己忘了登记买箱子发愁，便随手掏出几元钱交给他。谁知这下她捅了马蜂窝，朱晓东圆睁着双眼、脸红脖子粗地对吴锡桂说："我还需要你给我付这个箱子的钱吗？"说完便气呼呼地搬着他的箱子走了。……这时，什么也不用说了，一切都明明白白，吴锡桂追到朱晓东的宿舍，笑着对他说："别生气！帮人帮到底嘛，帮我把箱子抬到我的宿舍，行吗？"从此人生一段新的生活开始，这可能就是5年的同窗友谊，升华到"渠成"的结果吧！

二、成家立业

成家——没有正规仪式的婚礼

那是在1958年的春天，我们还在黑山扈解放军胸科医院。朱晓东在上海进修完回北京，我们按原来的商定，打算结婚，这

这是大学毕业时唯一的双人合影

年都26岁。两人去政治处询问如何办结婚手续。组织干事说，先写结婚申请书交外科主任；当黄国俊主任接到我们的申请书后，看了两人一眼，签完字笑着说："啊！你俩要结婚，祝你们幸福！"就这样结婚申请就算通过了。婚礼未开始筹办，就接到通知，军委已批准由吴英恺院长领导的黑山扈解放军胸科医院全体人员集体转业到地方。医院搬到阜成门新盖的阜外医院，这样两人的婚期只得延迟到秋天。8月，医院已搬迁完毕，两人到派出所办理结婚登记手续时，已有两对年轻人正在办理，一位工作人员问"你俩结婚是自愿的吗?"答"是自愿的"，问"你们认识多长时间?"答"两年"……很快通过后轮到下一位，也问"你们认识多长时间?"答"半年"等。通过后，轮到我们，也问"是自愿结婚吗？认识多长时间?"答"是自愿，认识8年"，两位工作人员同时抬起头，用惊异的眼神看看，其中一位"啊"的一声后说："你们认识这么长时间才结婚？抗战也才8年呐！"一边说着祝福的话，一边笑眯眯地把结婚证件递给两人。

第二天，我们拿着头天在结婚登记处领的证书，到医院总务科申请住房。负责同志给甘家口家属区管钥匙的人员打了一个电话，让我们俩去找管理员老刘同志。当跑到甘家口后，老刘同志带着到了院子里，指着最左边的一栋砖红色四层新楼说：“你们来得早，这栋楼还是空的，你们自己去挑吧，走的时候来领钥匙。”进到一楼时，两人觉得一楼可能太吵，就上二楼去看看，这层楼可住五家，都是空的，两头两套是南北通透的两间，中间朝南两套也是两间的，剩下稍大一点的单居室是朝北的。我们当时就作决定说：“我们就要这一间吧！两间的留给人口多的人好了。”决定做了后，看了看房间里还配备有家具，一张木质双人床、一个五屉柜、一张二屉桌、一把木椅，这些家具令人喜出望外。此后，朱晓东从西四一家商店买回一个 8 块钱的新书架。两个毕业时从哈尔滨装书运往北京的木板箱子，这下派上大用场。一个留在房间内盖上一块漂亮的小桌布，除可放置物品外，它还是吴锡桂的书桌；另一个木箱则成为窄窄厨房的碗柜，这就是我们新房的全部家具，令人十分满意。此后几天还用亲友们送来的礼物进一步装饰了

结婚証

京 字第2691号

朱晓东 (男) 26岁
吴锡桂 (女) 26岁
自願

结婚，经審查合於中华人民共和国婚姻法关於结婚之規定，发给此証。

区长

一九五八年八月一八日

只有结婚证和同学聚会却没有婚纱照

新房，床上有婆母寄来的两幅缎子被面的被褥，配着一对漂亮的枕套，五屉柜上摆着护士长代表心外科送来的一套小型茶具，还有内科于秀章大夫代表心内科送来两个美观实用的果盘。那张二屉桌上还摆着一座姨夫送来的小闹钟，钟上挂着一行“爱惜时间，晓东、锡桂结婚纪念”的小牌牌。按中国人老习惯，结婚送钟是不吉利的，我们不信这些，听着它那滴答滴答的响声，泛起我们对亲人无尽的感激；最令人高兴的是房间正面墙上虽没有一张面带微笑的结婚照，却挂着一幅镶着镜框的水粉画的静物，十分珍贵，它是被我们称为“画家”的老同学张志的作品。

1958 年 10 月 1 日是一个不平凡的日子，这天不仅是国庆节，同时还是我们大喜的日子。尽管我们内心很激动，但日子过得还很平常。我们仍穿着旧军服，早上朱晓东还去医院看了看术后的病人。上午，几位在北京的同班同学来家里祝贺，大家一边吃着喜糖和瓜子，一边包饺子，回忆 5 年同窗的友谊，还兴高采烈地说着对未来的期盼。回想我们结婚没有举行隆重的婚礼，这在当时并不少见，这天，不乏亲友们的关注与祝福；虽说没有许多来宾，但有好友的光临。庆幸晚上没有“闹新房”的尴尬场面，留下了一个温馨安静的夜晚，让我们永生难忘。

面对生活的艰辛

在 20 世纪 70 年代以前，虽然生活艰苦但干劲十足，对事业依然执着追求。回想起来感慨颇多，使我们更加珍惜现在的幸福生活。

第一是当时我们正处于“上有老，下有小”阶段，常感工资越来越不够用。20 世纪 50—60 年代国家经济还在调整、巩固时期，一般百姓生活多处于精打细算地过日子；我们俩因是转业军人还有一点军龄补助费，比同期毕业的非转业同事们的工资略高

这是 1958 年结婚时购买的唯一家具，一个最简单的书架

一点；但在结婚有了两个孩子后，我们就感到工资不够用，日子越来越紧张。因为我们俩都是各自家庭的长子长女，下边还有 4—5 个未成年的弟妹，父辈都已年迈、退休且多病，母亲们是家庭妇女，所以每月都需要我们提供帮助。每月初发工资后赶快把两家的钱寄走，把幼儿园的费用快交去，再把一个月的油盐煤米都买齐，剩下 20—30 元则是零花钱，其中还需刻意留下 10—20 元为 4 个星期天幼儿园的孩了回来用。有时快到月底，厨房里没有酱油了，那就不吃。好在当时我们俩常有一人参加心导管检查，月底就有 10 元钱补助，还有两斤肉票，那真是叫人高兴的事，这保健补贴帮我们渡过了月末的难关。那是一个晴朗的星期天的中午，吴锡桂带着两个孩子，路过甘家口合作社（小卖部），对两个孩子说：“给你们每人一毛钱，如买冰淇淋吃一小盒，如买

小豆冰棍可吃三根”，儿子跳着说“我要冰棍”，女儿微笑着选了一盒冰淇淋。母子三人走到半路，吴锡桂心里有点过不去，因为冰淇淋在当时市面上还是新产品，于是对女儿说：“你给弟弟尝尝你的冰淇淋”。当弟弟吃了一口后，不禁大哭起来嚷着：“我也要吃那个冰淇淋！”当吴锡桂返回小卖部又买一盒递到儿子手里时，儿子笑了，可吴锡桂却心酸。

2010 年中秋节因为我们在武汉，回北京后收到亲朋、学生们送来好几盒月饼，吴锡桂发愁已是节后吃不完，又不好再转送别人。朱晓东神态凝重地说：“现在孩子们也不爱吃月饼了，想到在 50 年前的一个中秋节，志坚还未出生，你去了医疗队，我只买了一个月饼，掰半个给丹燕，留半个我未舍得吃，只站在旁边欣赏她吃得高兴；没料到今天居然发愁月饼吃不完、消不掉。”还记得当年工资低，工资首先要保证吃饱饭，除过年给孩子们买点新衣服外，很长一段时间孩子们都是接受亲戚家孩子们的旧衣服。冬天白天两人则是转业时的一身棉军服，一件军大衣过了好几个冬；晚上被子太薄不够御寒，就把那件棉大衣、棉袄都盖在被子上。即使这样夜间还是觉得冷，因为垫的褥子太薄。一天阳光高照，吴锡桂去院里晒那床旧棉絮垫子，被冯放副院长看见那床当中破了个大洞的旧棉絮时说：“吴大夫！你怎么还用这样旧的棉絮呀？”吴锡桂笑笑把他的问话岔开。不久，朱晓东买回一大捆干稻草铺在床上，女儿非常高兴地说“真好！又软、又暖，还有稻草的香味呢！”两年后稻草压碎了，朱晓东买了两床用稻草编好的床垫，给卧具升了级，房间里的地面不再常有凌乱的稻草。

第二是儿女长大，住房空间越来越紧。在甘家口全家是住在共 28 平方米的两居室里。在那几栋楼里，只有两居室与一居室之分，那一层楼住五家，共用一个厕所。前几年没感觉挤，直到儿子出生后，女儿从幼儿园“毕业”回家来，婆母来北京，家里开始觉得有点挤，但还可凑合。但到 20 世纪 70 年代后期，儿女

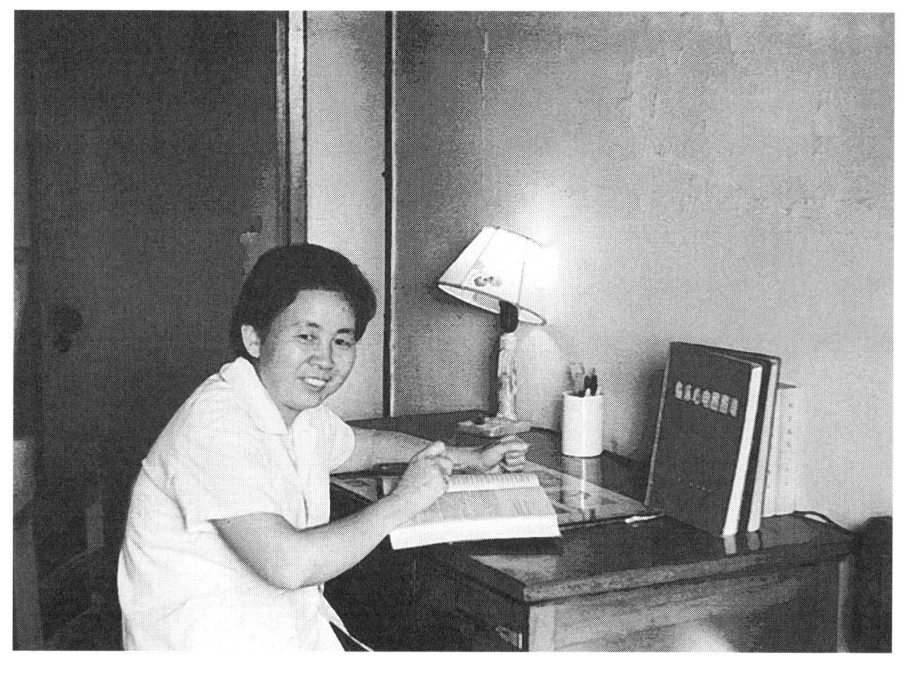

这是全家唯一的一张三屉书桌，主要给朱晓东使用

长大成人，还有奶奶，就感觉空间不够用。特别是晚上，朱晓东在放着那张二屉桌的里间卧室做他的事，那架缝纫机则是吴锡桂的书桌。女儿在外间饭桌上做功课，奶奶坐在旁边或做针线或看电视。可儿子喜欢画画，又是画笔、又是水彩，饭桌剩下的那点空间远不够他用的。日复一日，矛盾越来越明显，儿子为了画画，他另起炉灶，只告诉家里他在房顶上画画，不妨碍谁，我们也未进一步了解“房顶”四周的情况。直到 2011 年，吴锡桂向他们姐弟俩预约了一个“访谈会”。让他俩谈谈在甘家口印象最深、最值得回味的事时，志坚才告诉了“房顶”的故事。听他说完时，吴锡桂心中充满愧疚与后怕。他说，我们家住在最高的四层，家里没他画画的地方，虽不是把他逼上梁山，可也是把他逼上屋顶，起初他偷偷通过一个小窗口爬到屋顶，发现屋顶上面还有一层木板，放个硬纸箱当桌子就可画画，房顶上还有一层薄薄的木板可挡风雨，这下他可高兴了，那儿既可画画，又可欣赏风

景。近处，钓鱼台就在眼前；稍远，八一湖波光粼粼，四周绿树环绕……说到这儿，他稍停顿一下又低声地说："妈呀！可你知道吗？那儿稍一不慎就可能从四楼滚下去，那将是一个什么样的后果你们知道吗？"志坚他白天上课，放学后到"屋顶"画画，晚上两间房里没有他的床，他只能用玩双杠的办法，支撑着身体钻进在厨房里为他搭的一块约两米长一米宽，被称为"暗楼"的空间睡觉，这空间的高度连他坐起来也不可能，真是委屈了儿子两年多。

记得是20世纪70年代末的某一天，组织部门派人到阜外医院了解知识分子住房情况。医院人事部门推荐"到朱晓东家看看"，一行三人敲开家里的房门，奶奶坐在门口做针线，14平方米的外间，放着一张木板床是奶奶和孙女睡的，还有一张饭桌、几把普通椅子、一张两人坐的半旧沙发。对着门有一块约两米长一米宽的空间，搭着地铺正睡着从外地路过北京来看望老母的二叔。然后是12平方米的里间，一张双人床、一个大衣柜、一个20厘米宽150厘米高的书架、一张二屉书桌、一架缝纫机，还有两把木椅子，墙角还堆着几个旧纸箱，放着各种参考书与文稿。临走前，奶奶还让调查组看了厨房和厨房半空中儿子睡觉的"暗楼"，以及厨房外不到两平方米大小的阳台，以后也未接到调查组的任何反应。

第三是临床工作更繁忙，子女教育更重要，两者实难兼顾。进入20世纪70年代中期，我们都是中年人了，都想在各自承担的医疗、科研、教学等工作上做得更多一点、更好一点。朱晓东每周的手术都排得满满的，且手术难度也越来越大。术后守着病人不回家已是家常便饭。那个时期既无电话更无手机，外科大夫们不回家就是病房有事，家属们也不必过问。最困难的是我们两人经常出差，短则十天半月，长则一年半载。留在家里的人既要搞好工作，又要管家照顾好孩子，确实不易。对朱晓东来说，因他是外科大夫，平时家务事尽量让他少管点。一次，吴锡桂出差去南方一年，平时吃饭靠12岁的姐姐照顾7岁的弟弟。星期天朱晓东想给孩子们改善一下生活，领着两个孩子到商场来回转，不知买什么好。那时熟食少，他又不会做菜，刚好碰到一位老同学便请教买什么菜好？老同学说："买排骨给孩子们炖汤好了！"他又问："排骨汤怎么炖？"老同学笑着说："你真笨！把排骨洗干净了用高压锅炖。"再说，肉票用了好多年，一次让他去买肉，他居然不知道如何用肉票，不得已只好请教排队买肉的熟人。朋友调侃他："您是从哪个星球来的人？"这年夏天吴锡桂在外地接到朱晓东的来信说："你别操心家里，我们都很好，我还给女儿缝了条裙子呢！"待吴锡桂回北京后看到那条裙子时，既感动又心酸。感动的是他是一个有责任心的父亲，居然用旧窗帘布给女儿缝裙子。可惜这条裙子只给缝了松紧带和侧缝，却未给裙子下摆锁边，但这并不能给他充满父爱的行动扣分。也让吴锡桂想到，一个能缝心脏瓣膜、能缝冠状动脉的外科医生，不一定会缝一条像样的裙子。心酸的是，当时我们工资低，负担重，没有直接给女儿买一条新裙子，宁肯费劲地用旧窗帘缝制，为了节约那点开支。

1978年唐山地震后，周边地区常有余震。北京人民也像有些地方人群一样，除对唐山死难同胞表示哀悼外，更多的是担心家人的安全。一时间甘家口门前的一片空地上搭起大大小小的防震棚，多数人晚上就住在那里。这时，孩子们的爸爸在医院看护着第一例换心脏瓣膜的病人，几天未回家。那天傍晚吴锡桂下班回家时天还下着雨，只见一双儿女站在马路边撑着一把雨伞。姐姐搂着弟弟在寒风中哆嗦。当两个孩子看见妈妈回来时朝着跑过来，吴锡桂蹲下来搂着他俩，止不住的泪水与雨水一齐落在他们身上。当回到房间时，传达室叫喊家里接电话，那是的亲戚陶振乾询问是否搭好防震棚的电话。第二天下午，他带着妻子韩素梅和儿子陶宏，推着一辆装满塑料布、竹竿、木棍等材料来给我们搭防震棚。更让吴锡桂不能忘记的是，韩素梅一只手拎着一个燃烧着的蜂窝煤炉，还有两块备用的引火煤，另一只手提着一条鱼；更令人高兴的是，住在空军总院老同学卢顺庆，也带着儿子和许多防震器材来了。亲戚季荣昆居然送来一车我们最需要的稻草，在陶振乾的指挥下，大人孩子七八个一齐动手，12 岁的儿子学着表哥陶宏模样拿着抹泥的工具干活。在亲友们的大力帮助下，天黑前我们家也有了一个不错的防震棚。这使家里有了安全感，也让朱晓东放心地去处理他的术后病人。这次至亲好友们的帮助，特别是在无助、最需要帮助的时候，他们及时伸出援助之手，搭防震棚的那些鲜活场面、亲切的话语已刻记心头，永不忘怀。

三、家庭事业难两全

愧对幼儿幼女，家庭与事业未能两全

在对待两个孩子上，我们也深感愧疚。1959 年秋，女儿丹燕出生了。来北京照顾“坐月子”的父母，他们不顾年迈，为了支持两人的工作慷慨地为家里分忧。当吴锡桂 56 天的产假期满后的第二天，他们便把女儿带回河南老家。1961 年，正值国家十分困难时期，多处闹饥荒，主食吃不饱，细粮不多，更谈不上肉类、牛奶等幼儿食品。女儿送到开封全靠家住农村的叔叔买了一头羊，挤一点羊奶补贴。直到三岁才接回北京送进幼儿园。1964 年儿子志坚出生了，同样，当满月第二天婆母把他抱在怀里带回开封，直到可送幼儿园时才回北京。

朱晓东家人

丹燕在幼儿园有一件事让我们一生都感到愧对了她。就是女儿 4 岁时在幼儿园患猩红热被隔离一个月，我们没有设法把她接回家，每当去探望她时，孩子总是满眼泪水地说："妈妈！我一个人住在这个小屋里，我好害怕呀。”孩子隔离后留在幼儿园，我们只能在周末抽空去看望。直到女儿长大后才告诉我们，老师突然把她一个人与小朋友们分开送到一个小屋，但未告诉孩子为什么要让她一个人住。隔离后，每天除了送三顿饭外，一个月里再也没有老师去看过孩子。她每天都担心，是否还会把她送到另一个更可怕的地方去。直到快解除隔离时才给她送去有一只小鸟的笼子，挂在小屋里。孩子觉得有了一个朋友，减轻了些她幼小心灵的恐惧与孤独。这件事让我们感到愧对女儿。我们只考虑了工作，狠心没有设法接她回家，让她在有病时能得到我们的关爱。另一件事就是 1974 年朱晓东被派往英国学习。固然这是一个难得的学习机会，但我们同样未处理好对孩子们的安排。我们把年仅 9 岁的儿子送到农村叔叔家。尽管家人对他十分关爱，但他年幼感到远离父母时内心孤独，陌生的环境使他一度抑郁。我们深知，是父母与亲人对我们的深爱与支持，才使我们能安心工作与学习。但作为人之父母，对自己子女的关爱却远不及我们的父母。尽管在那个时代，人们对子女的关心还不像现在这样重视与周全，但我们当时的安排已给自己内心留下深深的后悔与愧疚。

安排好家务，值班出差两不误

“文革”前后，正值生活艰苦，工作量大的特殊时期。没有大礼拜与职务假期，每月只有 3 个礼拜天可以在家休整。在吴锡桂任心内科住院总医师时，每周有 3 天需 24 小时在病房连续值班。当时工资不高，每月发工资后先买好煤米油盐，给双方父母寄走生活费，再交过托儿所费后所剩无几。后半月要掰着指头精打细算，周日要排队买副食和整理家务。在这种情况下吴锡桂不觉得累，仍然在临床科研第一线努力工作，当然也得到锻炼和提

1956—1964 年教吴锡桂临床的胡旭东主任

高。从住院大夫到主治医师成长的 6 年里，吴锡桂感激那些认真指导、无私帮助过的老师们。他们不仅教医学技能，同时以身作则地展现了他们高尚的医风医德，让人见识到作为长者的风范，应怎样关心、培养后来人。刚到胸科医院不久，吴锡桂收了一位口唇有轻度紫绀、但心脏听不到杂音的 12 岁小女孩。当晚 8 点左右，主治医师胡旭东来病房巡视。见吴锡桂一边写病历，一边抹眼泪，他温和地问："出什么事了，吴大夫？"吴锡桂低声回答："今天我收的小病人有紫绀，但心脏又听不到杂音，我诊断不出来，明天怎样报告病历？"胡大夫笑着说："你应该先了解哪些心脏病人是可能有紫绀而没有杂音的？要复习杂音形成的机理。"随后他带吴锡桂去图书馆，教她通过"索引"找到先天性心脏病的分类，吴锡桂进一步了解到"艾森门格尔综合征"或"三尖瓣下移"等畸形都会出现此类特征。当时吴锡桂很感动，因为她初步学到了解决问题的方法。另外使吴锡桂终生难忘的事，就是在她做总住院医师时，黄宛教授的指导与帮助。他是一位博学多才的学者，是我国“心电图”和“心导管”技术领域的开拓者。在黄宛老师直接领导下，吴锡桂在医疗技术和医风学风方面收获很大，进步较快。另外还需特别感谢陈在嘉教授多年的指导与培养。她对病人病情的深入观察、认真分析，对诊治的及时与果断处理，挽回了众多危重心脏患者的生命。陈在嘉教授教吴锡桂如何做科研，参加玉米油观察降血脂的疗效，还把她领进冠心病实验室，跟随张英珊老师学习血胆固醇的测定，看她的那些数据严谨、字迹端秀的科研记录……在 1972—1982 年临床工作中，围绕急性心肌梗死合并症与抢救，吴锡桂总结并发表文章 6 篇，是在同年毕业的同事中较早被提升为主治医师的一位。

1973 年，正值“文革”中期，吴锡桂忙于医院和家务。朱晓东在医院管病房，还带教阿尔巴尼亚留学生，也很忙。就在此时，江苏盐城、句容和溧水等地的农村发生“低血钾麻痹症”。病人短时期内出现肢体瘫痪，甚至死亡。卫生部立即指示预防医学科学院组织“低血钾麻痹”医疗队，因为病人伴有心律失常和部分肢体瘫痪，所以阜外医院指派吴锡桂和另一位临床医生参加。吴锡桂立即把女儿寄托在同事家，日常家务也只好留给朱晓东承担。吴锡桂在医疗队工作将近一年，免不了挂念孩子，担心朱晓东照管不了家。但在医疗队忙起来就顾不得这些了，还是以医疗队工作为重。

四、相互理解和支持，喜迎改革开放春风

从 1958 年到 1983 年，全家在甘家口居住了 25 年。这是我们同甘共苦、共同成长的时期。有许多事是值得回忆的。我们两

人都是长子（女），经济上要支持双方父母，在这个问题上我们从来没有出现过分歧，谁当月负责往家寄钱，总不忘给对方的家长多寄一点。我们两人都很忙，但都支持对方出差，短则数日长则一年，从无怨言。我们家住在甘家口宿舍四楼。当孩子们年幼时，除了往楼上搬运蜂窝煤的体力活非朱晓东莫属之外，其他家务尽量不让他做。话虽这么说，实际上我们还是有一个不成文的分工。除做饭、洗衣、收拾屋子等家务活外，其实还有许多带点技术的家务活。如电灯不亮了，下水道不通了，缝纫机不转了，木椅腿上的钉子掉了，朱晓东都会主动修好。我还开玩笑地说："我帮你修好缝纫机，比你送出去修理要节约多少时间，至少可顶你洗几盆脏衣服吧？"有时还幽默地自言自语："我是你们家的电工、木工、管道工，而且还是一个不收费的临时工。"

朱晓东同样具有心脏外科医生的共同特点。那就是可以从他回家时的喜怒哀乐判断他今天的工作情况。满面春风一定是手术

朱晓东的澳大利亚心脏外科老师访问阜外医院（摄于北京景山）

成功，愁容满面一定是遇到困难。吴锡桂能理解，从而可以分担烦恼和分享快乐。朱晓东最常说的是当心脏外科医生的理想、挫折和快乐。

朱晓东经常提到吴英恺院长的教导：“年轻人应该成为一个有开创精神的外科医生，而不是一个照葫芦画瓢的手术匠”；“手术不能只图快，每个操作要到位，没有多余的动作，整个手术视野要干干净净，在准确的基础上求速度”。20 世纪 60 年代初，朱晓东成为侯幼临主任的研究生，有较多机会向侯主任学习。侯主任常说他自己每晚都要对次日的手术过一次电影，想想手术注意的重点、可能发生哪些意外、该如何应对等，要做到心中有数。就因为有这样的良好作风，侯主任在 60—70 年代里能在中国创造性地开展了许多新手术，如主动脉瘤、法洛氏四联症、瓣膜成形术等。侯主任言传身教，对朱晓东的成长影响很大。朱晓东从国外进修回来，常常说，他在国外的几位名师，对中国医生非常友好。澳大利亚老师 Victor Chang 手术很漂亮，手术中保持轻松和谐的气氛。Victor 常说：“一个爱发脾气的外科医生，说明他对手术中的困难信心不足。”朱晓东也注意学习并保持这些好作风。在冠脉外科开展初期，朱晓东无论在医院还是回到家，都在琢磨、熟悉和改进冠脉吻合技术；有时他回家也不休息，用一块乳胶，埋头练习缝合技术，吴锡桂尽量安排，让他不受干扰。直到搬家到南纬路，到盛景嘉园，那块乳胶的心脏模型还收藏在书柜里，不时拿出来摸摸看看。

我们在家里也常交流在医院工作中的体会。朱晓东常对吴锡桂说，老师们都教导他注重积累临床资料，总结经验。特别是黄国俊老师，不仅手术操作漂亮，还会给每个手术配备一份字迹秀丽、图解洒脱的手术记录。有时真让你感觉读黄主任的手术记录，不仅学习了手术操作的技艺，而且还欣赏了艺术。这给朱晓东留下了深刻的印象，有了榜样，使他找到努力的方向。此后他要求自己认真写好手术笔记，并建立笔记本，记下个人的心得体会、经验和教训。从国内工作到国外学习，从青年到中年，直到离开手术台，都坚持记录自己或他人的经验。这些手术笔记共积累了十余本。他在手术前不仅“过电影”，还经常要翻他的“手术笔记本”作为参考。

朱晓东很想把临床体会总结出来。20 世纪 70 年代，正处于“文革”后期尚未改革开放之时。专业参考书难求，印刷出版也不容易。朱晓东受到国外一本参考书的启发冒出一个大胆想法，能不能利用阜外医院先心病资料的优势，结合个人学习心得试着写一本更为实用的心脏外科专著呢？也算是初生牛犊不怕虎，就开始构思、查对心脏标本、收集参考资料、试着自己画图，定名为《心脏外科基础图解》。由于当时心中无数，从构思到出版，经历了许多困难周折，全部书稿全是手写手画。吴锡桂非常支持这项

朱晓东在英国进修期间陪同中国医学专家考察团（团长是上海第一医学院院长石美鑫教授）专程瞻仰了马克思墓

“文革”后我国心胸外科第一次国际学术研讨会，由吴英凯（前排左五）主持。这标志着改革开放政策为学术界注入强劲动力。第三排左四为朱晓东

艰巨工作，是这部书的后勤和第一位读者。这本书稿就好似未出世的胎儿，也不知道写出来会是什么样子。一旦顺产出生，立即给全家带来无比喜悦，1980 年这部书出版了。刚出版时像个丑小鸭，用的是普通白报纸印刷，很不起眼，但只要能给心脏外科医生带来一些帮助，就是巨大鼓舞。此后的 40 多年中，这本书前后两版共五次印刷，得到了同道们的认可。40 多年来，不断有些年轻的同行告诉他，他们就是照着这本书从心脏外科起步的，看到这些努力能给同道们有一点帮助，朱晓东感到无比欣慰。

回想起来，此书从构思到出版，写写停停、停停写写先后约 15 年。在“文化大革命”和青海牧区医疗防疫队期间只好停笔。1974 年出国前书稿写了十分之一。去英国进修，增加了新的心脏外科临床经验，回国后充实了书的内容。1976 年，朱晓东率领一支医疗小分队到呼和浩特内蒙古医学院帮助开展心脏手术。当时

那里经济困难，病人不多，他在手术之余充分利用空闲时间，抓紧画图写书。想着还有许多工作要做，要把自己被“文化大革命”耽误的宝贵时间尽量找一些回来，1978 年初书稿基本完成。全书的线条图基本上是朱晓东亲手所画。为了便于读者理解各种示意图，就让吴锡桂这个心脏内科大夫试看。如果能看出图里层次，朱晓东就满意地笑了，认为这张图可用。如果看不明白，他会毫不犹豫地撕掉草图扔进垃圾筐里重画。有时朱晓东来了什么灵感，深更半夜突然起床去画上一阵子甚至到黎明，吴锡桂也感到心疼和无奈。

我们在甘家口居住了二十四年，尽管碰到许多困难和麻烦，但仍十分留恋那个年代。因为我们在那个时代成家立业，无论在思想上还是在业务上都有充实和提高。我们没有悲观失望，而是满怀信心地憧憬着未来。同时时常想念那些老邻居，是那种人际间的亲善氛围、友好互让，不仅在那些困难的日子里相扶着渡过了一些难关，并且认识到困难是前进中暂时的。因为我们的生活水平，正随着国家政策的调整，特别是改革开放后在逐渐提高，人民期盼而且相信祖国的明天会比今天更美好。

五、搬新家的兴奋与快乐

1983 年的夏天，隐约地听说医科院在南纬路新盖两栋宿舍楼。据说是根据改革开放政策，为照顾知识分子盖的一批楼房，由医科院再分给所辖各个院所的领导干部和知识分子。所以这两栋十二层的宿舍楼被称为“高知楼”，被许多双期盼的眼睛注视着。

1983年，朱晓东和吴锡桂家增加了一间卧室

我们全家每天最热烈的话题就是期盼何时能分到新房，搬入新房子后会是什么样感觉。

6月左右的一天，朱晓东下班回家告诉全家一个天大的喜讯，说下午外科支部书记找他谈话，通知他，经过党委会扩大会议讨论通过，这次搬家有我们家，而且是三室一厅建筑面积97平方米的住房。这个爆炸性的消息一扫家里当时有点沉闷的空气。因为朱晓东正为儿子高考担忧，管家支柱的奶奶因住房太挤要回老家引起全家不安。搬家的喜讯可谓“立解千愁”，大家注意力都转向忙着去看房子、讨论如何装修、如何分配等问题。此后一个多月内的星期天，全家四口人坐15路车直奔南纬路。当初我们并不知道住几号楼、几单元、几层几号，每个房间都锁着，我们只有隔着玻璃往里看看。尽管未能了解房间内全貌，但也心满意足，十分高兴。到7月下旬拿到钥匙，一家人更是迫不及待地赶往南纬路，仔细地把属于我们家的那些房间来回地查看一番，然后四个人都有点累了，不约而同地在一个房间里靠墙坐在地上开起了讨论会。朱晓东“掌握”会场，先讨论何时、如何搬家？房间分配很快达成共识：儿子一间，女儿和奶奶一间，我们两口一间。只是在讨论装修时费了一些时间，儿子的建议是搬家前先把地面处理好，吴锡桂的建议是此次装修地面的原则是省时、省力又省钱，并介绍说内科一位住马尾沟上海籍同事最近刚装修完，已经参观过了，她家是用红漆刷的地板，她说上海很讲究用红漆刷地板，省钱省事又气派。没过两天正好赶上周末，全家人都弯着腰或蹬着腿往地板上抹红油漆！好在就那么大点面积，孩子们加两个班也就胜利完成任务。接着做了一个简单装修，买了一组书架算万事齐备。搬家很简单，朱晓东的一位朋友，听说我们要搬家，开来一辆车，全家的所有东西，包括一小包蜂窝煤炉引火用的劈柴都装上车。这次，我们有一个 10 平方米的客厅兼饭厅，一家人可以看看电视、聊聊天什么的，十分满足。很快一个新家就安排好了，各就各位，都高高兴兴地收拾自己的房间。

家中有了不错的书桌

回想这次搬家，也联想到在家里宴请外宾的经历。1981年，还住在甘家口狭小的四楼宿舍里，只有两个十几平方米的房间，没有客厅也没有电梯。每层只有一个公共厕所，楼道内放满各家杂物。朱晓东的澳大利亚老师 Dr. Chang（张仁谦医生）先后三次来北京讲学与手术，他很希望到家里做客，当时家里都很穷，住房又小又差，但出于他的好意，只得硬着头皮答应下来。这下不仅忙坏了全家，郭院长还给后勤打招呼，让他们给予支持与援助。在接待的前一天，我们不仅得打扫自己家的卫生，还得打扫住的那个单元自一楼到四楼的卫生，包括楼梯与走廊，更重要的是打扫四楼的男女公共厕所。为了腾出那间14平方米的外间招待客人，住四楼的四家邻居都协助暂时储放坛坛罐罐等物品；我们用两个小方桌并在一起，铺上一条桌布成了一个长桌。在客人到来之前，医院开来一辆大车，卸下十把红色绒布折叠椅，放在

爷孙做家务

长桌周围。医院食堂大厨马师傅带来锅碗瓢勺、各种调料、十盘准备烧炒煎炸的备料；我们拿出茅台、龙井茶等就算齐备了。随后郭院长、薛主任陪着四位外国客人到来，楼前围着一群小孩们看热闹，甚至还以为是谁家有人结婚哩。不管怎么说这次晚宴是成功的，主人真情接待、菜肴丰盛、家常式的交谈，气氛热烈，宴会是在愉快的气氛中结束的。

搬入南纬路新家后，我们有了一个 10 平方米的客厅，可以勉强设置简单家宴，既省钱又亲切。后来在家里宴请了几次外宾，包括朱晓东的客人，如华裔专家方则鹏夫妇、澳大利亚 Mark O. Brian 夫妇、哥伦比亚大学 David Bregman 等；还有吴锡桂宴请的几拨流行病学外宾。后来在家宴请外宾已不像在甘家口那样困难和紧张，交流起来也容易多了。当然，现在我国经济更加繁荣，再请客都会到酒店去。这些都是依托国家改革开放政策，使国力增强、人民生活水平得以提高的结果。

六、全力以赴，事业的高潮

忙于外科行政和瓣膜研究

20 世纪 80 年代初，朱晓东被任命为外科主任兼心脏瓣膜与辅助循环研究室主任。他一手抓研究、一手抓临床。在科研方面，1976 年牛心包生物瓣临床应用成功后，一直承担国家“六五”关于人工心脏瓣膜的攻关课题，并招收多名研究生进行系列研究。随后研制出 PERFEOT 心包瓣，获得发明奖并投入市场。研究室承担国家“七五”“八五”攻关任务，研发新的人工瓣膜和

朱晓东在心脏瓣膜研究室

心室辅助泵。朱晓东几乎用大半个人生致力于心脏瓣膜的研制、改进和推广。这不仅挽救了一些危重病人的生命，而且提高了更多患者的生活质量，减轻了他们的经济负担。但在辅助循环研究方面他自愧没有抓住有利时机，突出这个重点。到 2010 年后，他自感精力不足，但仍在关注心室辅助装置的研发，盼望阜外早日研制出令世人瞩目的人工心脏。

在临床方面，20 世纪 70 年代后期，“文化大革命”结束之后，医院临床工作开始复苏，被打乱的医疗秩序开始逐渐恢复正常。“十年动乱”拉大了与国外先进技术的差距，必须努力赶上，尤其是冠心病外科与婴幼儿心脏外科。朱晓东主要任务是发展心脏外科。在郭加强院长领导下，首先将心外科手术技术和工作程序规范化，修订各项制度，统一各项操作技术，按照现在的说法就相当于卫生部推行的“临床路径”。它既能够保证质量，又可提高效率。同时根据当时国际外科发展的新趋势，积极组建和扩大现代化的心脏手术后监护室（ICU），迅速装备了现代化的监护和抢救设备。监护床位从 5 张增加到 20 张，从而提高了危重复杂病例的手术效果。在此基础上积极开展冠状动脉外科和婴幼儿先心病手术。郭加强院长早在 1974 年已施行了我国首例冠状动脉搭桥术，但新生儿心脏手术几乎是空白，必须有现代化的 ICU 来保证。朱晓东天天在医院忙碌，顾不了家。那时吴锡桂在医院也很忙，家里有些重要的事经常被忽略。1985 年女儿要结婚，她年初就告诉过我们，我们非常高兴，就送上伴着父母祝福的礼金让他们自己去操办。可我们出差频繁，为了让双方父母都能参加他们的婚礼，他们不得不一再延后婚期。直到11月，女儿都哭了，埋怨自己的父母太不关心她了。好在我们得知此事后，赶紧安排好时间，女婿家已是万事俱备，只欠“女方父母到场”这股东风了，年底前为他们举行了气氛隆重而安排简朴的婚礼。

20世纪90年代初，为了加强与兄弟单位交流与合作，逐渐提升阜外医院的学术地位与扩大医疗影响，1991年，阜外医院召开了心脏外科建立35周年学术交流会。当时的背景是国内心外科在80年代起步不久，全国许多医院均在筹划发展，阜外医院稍微走在前面，有些同志已有几分傲气，这不利于兄弟单位团结合作，所以这次大会的主题强调向全国同道们学习。各省、市心脏外科大多数的前辈和专家，还有一些国际知名专家应邀参加了大会。朱晓东第一个报告的幻灯片就是表彰上海、广州、武汉等前辈们的贡献。诸如蔡用之、蓝锡纯、石美鑫、潘治等前辈在心外科的开拓性工作，然后介绍阜外医院心脏外科的成果和不足。这次会议加强了全国同道们的相互理解、信任与协作精神，促进了后来全国大协作的开展。

对新岗位的理解和支持

1992年，朱晓东被任命为阜外心血管病医院的院长。他一方面要掌握院所全面工作，协调各个方面，又要考虑心脏外科发展。自己参加攻关研究课题，同时作为外科医生，他还要做手术和临床工作。但初上任时没有料到还有大量行政事务突然压在他身上，什么事都找院长。每天由于医院行政事务的负荷和手术病人的牵挂，经常很晚才能回家。回家后疲劳的身子还没有坐稳就不断有人来敲门，必须接待。这些来访者通常是对分房子或对涨工资或对评职称有不满的职工。有时几拨人挤在家里，他们说白天在医院找院长的人多，只好晚上来打扰，这使得全家十分为难。记得有一次一位没有评上职称的员工带了两名彪形大汉到家里，因为晋升投票未能通过，威胁院长更改投票结果。我们一面给派出所打电话，一面对来访同志好言相劝才算解围，家里一度成了院长家庭接待站。尽管如此，全家仍为支持朱晓东做好来访者的工作，热情接待，使他们情绪有所好转离去。最初朱晓东对此有些不适应，甚至有些焦急委屈情绪，后来与党委书记密切配合才逐步扭转了局面。

朱晓东在院长岗位忙乱一段后，逐步清醒地认识到，作为院长的主要任务是掌握医院发展大方向，团结全院职工共同奋斗，提升医院的整体水平，把阜外打造成心脏病领域的国家队。20 世纪 90 年代初，主要是通过创建“三级甲等医院”来带动各项工作。

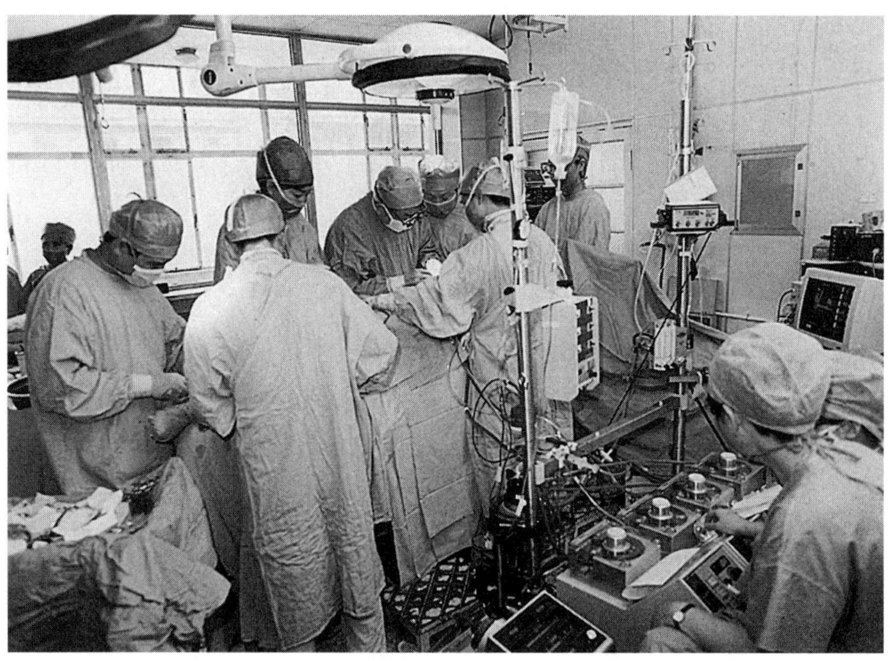

朱晓东在手术

阜外心血管病医院建院四十周年庆祝大会（1956—1996）

经过全院不断努力，从后勤到医技科室，从基础到临床，从基本医疗到尖端技术，从设备运转到工作制度等各个方面的改善。后来在卫生部和医科院的严格审查下顺利达到“三级甲等专科医院”标准，全面提升了医、教、研、防与人才队伍建设，这标志着阜外向前迈进了一大步。

为了推动阜外医院工作和扩大社会影响，1996 年 4 月成功主办了阜外心血管病医院建院四十周年庆祝大会。党和国家领导人江泽民、李鹏、李瑞环、乔石等为阜外医院写了贺词。老院长吴英恺、老政委邱宝树等国内知名专家学者也都与会。各学科带头人介绍了阜外医院的发展与展望，也与兄弟单位进行了交流与合作。这次会议鼓舞了全院职工的士气，同时扩大了阜外医院的声誉，使就诊患者显著增加。

朱晓东谈起医院的发展时说，关键在于人才，特别强调要发现、培养和大胆使用年轻学术领军人物。他在自己的日记中多次提到与学生同台或专门去手术室看他们手术的体会。这样，他既可指导他们，又能发现年轻人手术中的优点和创新。如 2002 年 3 月 26 日写道：最近看宋云虎等几位医生做 CABG 手术，有五点可以采纳（还绘有图）；另一篇是 2003 年 7 月 30 日，他写道：看孙立忠大夫手术有他的特点，也绘了一幅漂亮的示意图标明其特点；还有一次提到常谦大夫在主动脉弓手术遇到困难时表现出的冷静和能力；直到近几年，他还坚持每周三参加早 8 点外科的学术讨论会，并认为这是帮他知识更新途径之一。由于阜外医院在提拔年轻学术骨干方面做得比较好，1996 年底，医科院组织部在阜外医院召开"跨世纪学科带头人现场会"。朱晓东在会上对年轻的大夫们说："我希望你们超过我，但我也仍在努力往前走，如果你们不加紧努力，可能还赶不上我呢！"这些话既是对年轻人

吴锡桂为院士讲心血管病的预防

的激励，何尝不也是对自己的鞭策？

1996 年底，院领导换届，许多年轻骨干选进了领导班子。12 月 20 日，朱晓东正式卸去院长职务，只作为医院的顾问。这天，他情绪很好，发表了正式演讲，晚上参加了心胸外科学会的晚宴，高高兴兴地回家。在他脸上绽放的是平静的微笑，未捕捉到一丝失落的皱纹。换届后的学科带头人在新领导班子的带领下，扬起航帆，朝着更高的目标激流勇进。

他们有时讨论到人生，觉得一个人不过是大海的一滴水，不要高估自己，应该及时对自己正确定位并将生活做相应调整。1996 年初春，朱晓东在一篇日记中写道："你未看到自己已经衰老了吗？你未注意到与你同行的路程中不少人已经倒下来了吗？上至天子、伟人，到了一定时候也会失去价值；下至玉米、高粱，当它把果实奉献入仓后，留下的秆叶理应做柴烧。是量力而行的时候了，是急流勇退的时候了。"朱晓东 70 岁就逐步退出临床第一线，但仍然参加科内的有关学术活动。经过长时间思想斗争，最后理智地于 2004 年 72 岁时不再亲自主刀手术，改做一些更适合自己的工作。他掰着手指说："第一个撤出的是大动脉手术、接着是新生儿、搭桥、换瓣、成形术，逐一放下。"吴锡桂深知手术是外科大夫的最爱，朱晓东平静地从院长岗位上走下来，但对手术的眷念却有点魂牵梦绕，直到现在还常梦到自己在手术中遇到惊险场面，惊醒时满头是汗。

朱晓东退出外科临床一线后更多致力于中华医学会的工作。1996 年，朱晓东当选为中华胸心血管外科分会主任委员。作为两届主任委员，在 10 年中对学会进行了一些建设，主持召开一系列国内与国际心胸外科学术交流活动，并担任中华胸心血管外科杂志主编，同时继续关注探索新型医院建设和人工心脏的研究。

七、共同分担烦恼，分享喜悦

化解工作中的劳累和委屈

吴锡桂作为一个心脏外科大夫的妻子，与朱晓东共同走过50多年的人生旅程，很了解他作为一名心脏外科医生的喜怒哀乐、工作的艰辛和责任感。吴锡桂尽力为朱晓东分担一些劳累与烦恼，也分享他的成功与欢乐。朱晓东是个比较内向的人，他不喜欢向人倾诉他的劳累与苦闷，怕的是家人为他担心。从他的日记里看到几则有关这方面的描述：1985年2月13日，“手术中大汗淋漓，汗水流入两眼痛得我无法睁开，视野也模糊，真危险！”1985年4月，“今天第二例手术成功地应用我设计的主动脉无缝线吻合术，为一例马凡氏综合征患者手术至少节省用血3000毫升，可惜又有谁认识这些技术的意义？谁能体谅我们付出多少体力、精力和时间？每当复杂病人手术危重时，我不能按时下班坐班车，只好乘公交车回家。车少人多，体力又疲乏，常在宣武门转车时坐在马路沿上候车。今天路上用去一个半小时，这足可再做一例手术或辅导两名研究生”。1985年5月6日在日记中写道：“心外科医生在手术中（术者）经常满头大汗，极度紧张，如持续五小时在台上奋战，则体

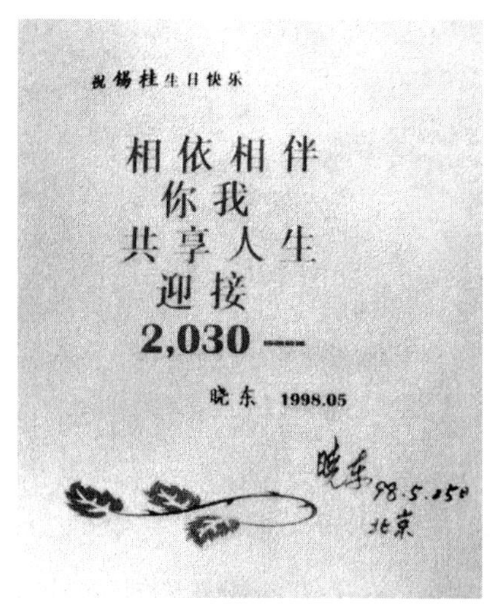

一张最让吴锡桂高兴的生日贺卡

力、速度、精力、反应能力都会明显下降，这将导致手术失败，也将会使医生减寿。”吴锡桂很理解他的苦衷。朱晓东给自己写了一个座右铭，谓之“转化论”，摆在书桌上：

把　工作的沉重负荷感　转化为　愉快的精神满足

把　工余的疲劳和烦恼　转化为　球赛“暂停”的哨声

把　工作中的委屈愤怒　转化为　自我认识的清凉剂

把　人生中的艰辛跋涉　转化为　大自然给予的优惠

把　过分的物质追求　转化为　知足者的长乐

后来，朱晓东 60 岁时又写了一首自我鞭策的打油诗。那时吴锡桂在流行病研究室工作也很忙，看到朱晓东写的顺口溜也颇有同感。抄录如下：

身负重托走的忙，满怀信心有希望；
鞠躬尽瘁献事业，诚挚友情遍四方；
历史长河滚滚过，五彩黄昏已在望。
我想此事似过早，回归自然理应当；
但愿宇宙发慈悲，干到 80 那才棒。

2011 年，吴锡桂对朱晓东开玩笑说：你马上就到八十岁了，上苍还真不错，不是让你又折腾出一本大部头书吗？我们彼此分担在事业上遇到的困难或烦恼，互相帮衬与鼓励，那些困难与烦恼也就化解了。

病人手术康复后表示感谢

学生们庆祝朱晓东70岁生日

为患者解除病痛获得幸福，是最大的快乐

作为医生，最高兴的事莫过于看到病人得到健康和幸福。记得有一位天津严重二尖瓣狭窄关闭不全的心衰患者，术前骨瘦如柴、紫绀、腹水，连吃饭时都气短。术后一年的春节，夫妻俩来家看望我们，他简直变为另一个人，成了一位精力充沛的实业家，病人妻子说，“手术成功救了我们全家”。还有一位60余岁来自河北的农民，患冠心病，连吃饭都诱发心绞痛。术后三年春节时，拿着自己家里种的花生和核桃来看我们，说他不再心绞痛还能干些轻活，使我们倍感欣慰。有时会遇到手术后二三十年的老病人，在不同岗位上能正常工作，也特意来看望我们，分享喜悦。医科院老领导郭少军同志，1992年68岁时在阜外住院，朱晓东给他做了冠脉搭桥同时瓣膜替换手术，术后顺利康复。郭少军同志还是一位书法家，1992年他亲自写了一首充满长者胸怀的

书法作品祝贺朱晓东 60 岁生日。

2011 年郭老已 87 岁高龄，身体还不错，由儿子陪同亲自到我们家做客，使我们深受鼓舞。我们知道救死扶伤是医生的天职，病人得到幸福就是医生最大的愿望。

共同分享各自工作取得的进步和荣誉

1993 年朱晓东被评为“中国医学科学院、中国协和医科大学名医称号”，1996 年被授予中国工程院院士，这是国家给予知识分子的最高荣誉之一。同年 5 月，电视台播放朱光亚院长为新院士颁发证书的录像。之后，立即接到长辈、同行们的祝贺。我们全家都很高兴，但更多的是感到责任的重大。朱晓东在日记里写道：“这是我个人荣誉的顶峰，我珍惜。今后我要更加严格地要求

阜外医院的 3 位中国工程院院士（2003）

自己，这荣誉虽有我的一份努力，但也有天时、地利、人和的帮助，是靠各种支持才得到的。”

吴锡桂是一名普通的心脏病内科医生，在平凡的一生中未能有过耀眼的火花，但执着地在预防心血管病的道路上前进，为心血管病的防治铺砖添瓦。吴锡桂无怨无悔的行动，也得到朱晓东的欣赏与支持。当朱晓东看到吴锡桂所领导的“七五”攻关协作课题的老战友，27 年后一群白发苍苍的老者，带领他们的接班人，从全国 10 多个省、市，20 余个单位风尘仆仆地到阜外医院来聚会，来进一步落实与阜外继续合作的照片时，朱晓东高兴地向吴锡桂竖起大拇指说：“了不起！ 27 年的协作呀！”当朱晓东见证吴锡桂身披红穗带、拿着“首钢模式”的成果证书时“心怀敬意”。当吴锡桂陆续拿回 12 份省部级、国家级成果证书时，朱晓东也高兴，常给吴锡桂更多的鼓励。也感谢在吴锡桂从事流行病 30 余年的岁月里，因为吴锡桂不断出差、下基层，朱晓东为此没有少吃“方便面”，克服了女主人不在家里的许多困难。

八、探索创建新型医院

梦之源

早在 1984 年时任阜外心外科主任的朱晓东，为发展医院的建设，随郭加强院长访问美国和加拿大许多心血管病中心和几家医疗设备公司。他们对心脏病临床和研究的最新进展以及心脏中心先进的管理理念有所了解，也看到我国自身的差距与努力目标。这次给朱晓东印象最深的是克利夫兰医院。看到该医院规模宏大的建筑群，见识了一个藏书万卷的图书馆，还参观了颇具规模的人工脏器研究中心。他们拥有工程师和研究人员共 46 人，有关工程设计加工设备、动物实验室和资料库一应俱全。当时他们对人工心脏和左心机械辅助装置的研究已有较大进展，一头 5 个月的牛植入左心室装置后已活了 3 个月。这次访问对朱晓东启发很大。回国后按郭加强院长的指示成立了“人工瓣膜与辅助循环研究室”，并进行了系列研究，使阜外医院人工心脏的研究取得了重大进展。

1989 年和 1992 年，朱晓东曾护送病人去夏威夷和休斯敦做心脏手术。有机会接触到美国一些先进心脏病医院的现代化模式，体验到优美温馨的医疗环境，看到员工良好精神面貌和职业素质。1993 年 4 月，朱晓东赴法国访问，参观了巴黎医院，使他惊奇的是 Dr. Gandy 早 8 点入手术室，10 点时已完成第一例手术，还回办公室处理一件急事后再回手术室，再做两台冠脉搭桥

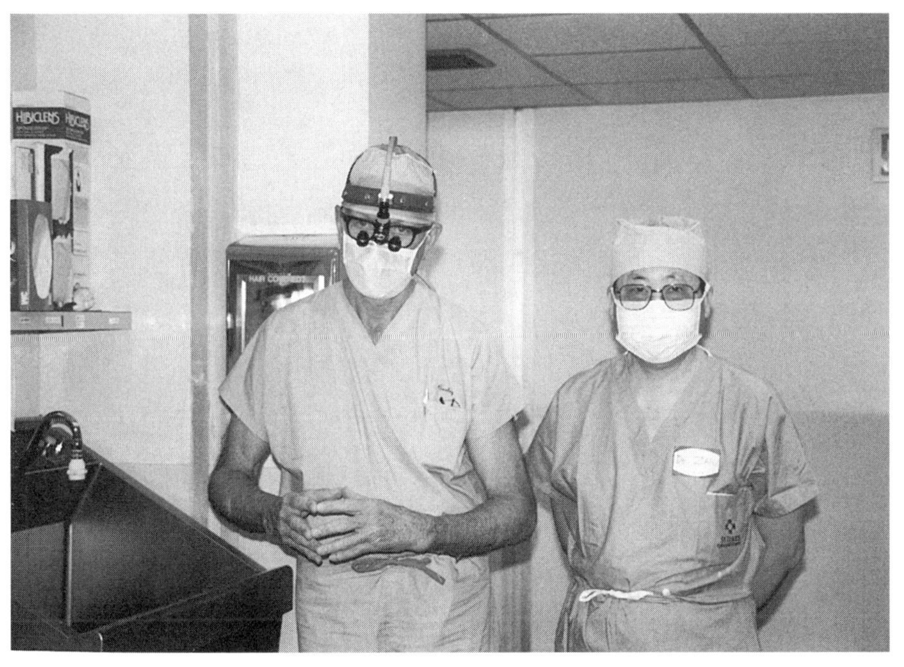

朱晓东参观考察休斯敦心脏研究所，左为所长 Denton Cooly 先生

手术，12 点左右已经顺利结束。在那时，这种高效率工作真无法想象。朱晓东常说，我们中国为什么不能创建一些类似的高效率先进心脏病中心呢？

通过对国内外先进医院的参观和考察，朱晓东心中逐步出现一个强烈愿望，就是期盼着我国也能创建一家技术先进、环境优美、医风高尚的世界一流心脏病专科医院。为此，他当阜外医院院长后曾去过三河县选址，争取扩建阜外医院，终因诸多因素未能如愿。但是，探索创建新型心脏病医院成了他的梦想。

1998 年 10 月，武汉一位企业家谢俊明先生正在筹建一所心脏病专科医院，定名为“武汉亚洲心脏病医院”。最初请新加坡专家协助。时隔不久，谢先生请朱晓东提出建院的设想与具体建议，随后又带着建院图纸来征求修改意见。朱晓东已经退出临床一线，时间相对比较充裕又有探索新医院的设想，所以就欣然答应了谢先生的邀请，兼任“武汉亚洲心脏病医院”第一任院长。

鄂州大地跃起一条鲶鱼

1999 年 11 月 11 日，当朱晓东作为院长宣布武汉亚洲心脏病医院成立时，鄂州大地的新闻媒体热闹起来。因为这是我国第一家被湖北省卫生厅及武汉市卫生局批准为民营的三级心血管病专科医院。在 20 世纪 90 年代，民营大型心脏病专科医院尚属首家，是一件新鲜大事。当时媒体报道武汉亚洲心脏病医院是一条“鲶鱼”，将促进医学界的竞争和发展。当时还不懂什么是“鲶鱼效应”，后来才明白，这是比喻积极好动的鲶鱼能够刺激周围鱼群活跃起来。人们也关心这条鲶鱼对于武汉医药领域是否会起到激励效应。对于朱晓东来说，这是一种创新的尝试，也是新的挑战。他首先明确医院的定位，提出要创办学院型的医院，而不是纯商业型。同时调整医院管理模式，重构学

武汉建立我国首家民营大型心脏病专科医院，定名“武汉亚洲心脏病医院”，朱晓东为首届院长，谢俊明先生为董事长

科之间、科室之间的构架与协调，并强调医德医风建设，在院训中提出“秉上仁风”，用“医者父母心”的态度对待每一位患者；在业务上精益求精，为患者提供最佳的治疗与护理服务。

时光荏苒，通过多年的经营，不仅武汉亚洲心脏病医院有了很大进展，而且武汉市兄弟医院的心脏病中心也都有了不少变化，显示了“鲶鱼效应”。当看到2011年11月健康报一篇《仁心承重责，飞歌冲一流》的报道后，武汉亚洲心脏病医院12年的业绩给出一个明确的回答。12年中武汉亚洲心脏病医院接诊了来自全国100余万人次心脏病患者，11.6万余位患者接受了手术治疗。2011年卫生部组织的国家临床重点专科评估试点工作中，武汉亚洲心脏病医院心血管外科获首批国家级临床重点专科。武汉亚洲心脏病医院作为民营医院的代表，受邀参加全国医政改革工作专家座谈会。这些成功有多个因素，首先是国家的改革开放

武汉亚洲心脏病医院年轻朋友来家中看望

政策；其次是科学的管理体制，他们调整了内外科的分工与布局，提高了手术围术期的医疗质量，有效地解决了许多医院可能存在的“内外科不协调”的老大难问题。对于患者，医院采取了“一条龙服务流程”。为协助科主任，在主要科室设置行政经理。在人才培养和技术队伍建设方面也有许多新举措，表明管理机制的优势是医院成功的保障。第二任院长著名心脏介入专家朱国英教授，与总经理叶红女士密切配合，通过不懈努力把武汉亚洲心脏病医院建成了颇具规模的先进的心脏专科医院，已经进入国内先进行列。

朱晓东回顾了创建心脏专科医院的体会。通过在公立医院（如中国医学科学院阜外医院）和在民营医院（如武汉亚洲心脏医院）工作的经历，他总结出自己的看法，他认为当前我国建设医院成功与否，主要不在于是公立还是民营，最重要的是管理机制。武汉亚洲心脏病医院的经营机制确有可借鉴之处。北京阜外医院作为国家心脏病中心更有许多成功经验，均受到政府高度重

朱晓东跟随郭加强院长在广东深圳创办孙逸仙心血管医院，沈宗林教授任首届院长

广东东莞新建民营“东莞康华医院”是一家大型综合医院，设计床位3000张。2006年朱晓东担任第一届院长

视。陈竺部长曾亲临视察这两家心脏专科医院，并予以充分肯定，朱晓东为此十分欣慰。

九、乘改革开放东风，生活再次改善

我们在阜外医院工作 60 余年，在三个历史时期搬过家，和全国人民一样，一步步地改善了生活条件，它也反映了国家正逐渐走向繁荣和富强。

20 世纪 50 年代，我们成家后医院就配给了住房，住进甘家口宿舍。邻里间相互关照，与同事们在住房问题上曾相互体谅谦让，为照顾别人曾数次主动搬入更小的房子。同志之间的感情和友谊至今仍十分感动和珍惜，我们在那里共住 24 年，友爱中溢满的亲情使我们永远不能忘怀。

20 世纪 80 年代，我国实行改革开放，落实知识分子政策，医院分配给医科院一批知识分子位于南纬路二号院的宿舍，各家住房面积都有不同程度的扩大。我们家住房面积增加，经济状况也不断改善，在那里一住又是 21 年。生活没有后顾之忧，全身心地投入工作，使我们能在救死扶伤的工作岗位上，尽了一个医生应

朱晓东周末在家看报

尽的职责。

吴锡桂在小区花园内

新世纪伊始，2003年我们用积蓄购买了一套小型商品房。在我们72岁时住上了明亮舒适的新居，倍感幸福，这是我们第三次搬家。

回想我们家60多年来三个时期的搬家过程，也是国家日益强大、全国人民生活不断改善的过程，成千上万的普通百姓有了自己的房子和车子。今天，我们也住上了宽敞的商品房，有明亮舒适的客厅，有温馨实用的书房，朱晓东的社会交往较过去也减轻了许多，我们有较多的空闲时间安排生活。平时既能在家从事学习和写作，也能抽空和老朋友交流谈心，或在家里享受天伦之乐。我们安度晚年，感到心满意足。

十、适应老年特点，开始新生活

2006年后，朱晓东卸去中华医学会胸心血管外科学会主任委员职务及多项社会兼职，仅在北京参加阜外医院和中国工程院的少量社会活动。他有了较多时间安排读书学习，还做一点他有兴趣的心脏外科解剖学研究。从2008年开始与阜外病理科合作埋头整理阜外医院几十年来积累的心脏病理标本。自己动手拍摄、图像处理、病理核对、文字撰写，经过几年努力终于完成了专著《心脏外科解剖学》，于2011年由人民卫生出版社出版发行。这本专著从构思、收集标本、查阅文献、反复修改书稿直至最后完工，朱晓东总是在忙忙碌碌，高高兴兴地过得很充实。

吴锡桂退休较早，在家做一点家务并且上网读读文献，抽空和老朋友交流谈心。近年来喜欢看老同学们发来的各种幻灯片，包括中外的名胜古迹、名著、科学、文艺，特别是我国历代著名古诗、现代建筑，各地四季花卉等，让人应接不暇。读后颇感世界文化如此多元伟大，生活原来可如此绚丽美好。当然也浏览有关的专业方面的新进展。因此，计算机是吴锡桂独自在家最亲密的伙伴。朱晓东喜欢听音乐、画心脏，喜欢看老舍、梁实秋、钱钟书、杨绛和季羡林等人的作品。我们也交流讨论其中某些不同的风格与观点。平时也去公园赏花、拍照，更易做到的是在居民

朱晓东向外科医生赠《心脏外科解剖学》一书

阜外医院老专家新春座谈会

楼院里散步、聊天。此外，最盼望的是双休日，特别是冬天，我们青睐较大的商场，崇文庄胜、东方新天地和国瑞城等是我们常光顾的地方。那儿可满足我们餐饮、购物和散步的需求。一般情况下，我们会先到星巴克，一边品尝不同口味的咖啡，一边天南海北地聊天。吴锡桂抽空读了朱晓东几十年来写下的十多本日记，在这里向他咨询从他的日记里没有弄懂的一些问题。这为写这篇“温暖的家”补充了难得的素材。午餐时间到了，我们去食品街，朱晓东总是选河南人离不开的那种又酸又辣的汤面。吴锡桂是“九头鸟”的女儿，喜欢大米饭就选“真功夫”。只有很少的机会，朱晓东才蛮不情愿地陪吴锡桂去吃“西提牛排”，因为他一点也不欣赏那种西餐。饭毕，经过超市，带回青菜、水果及其他日用品，高高兴兴地回家。一位比较熟悉的咖啡店的服务员有一次开玩笑地说：“两位老人经常来这些地方遛一圈，还真浪漫！”另外我们也接受“新事物”，学习使用 Ipad，朱晓东幽默地说，两个 80 多岁的老人居然还用 Ipad 玩游戏，真变成“80 后”了。谁知儿孙们知道后拍手笑着说很好，就该这样，还不断地给我们下载新内容。

总的来说，生活悠闲愉快、安逸。更让我们高兴的是，不少中青年朋友和学生来家探望。一批批年轻人已经成为著名专家和学科带头人，我们为他们的成就高兴，这也让我们的老年生活更加安心、舒心。我们深深体会到纯洁的友谊是人生中一笔最宝贵的财富啊！

十一、相互体贴帮扶跨越金婚

相互体谅，思想交流

自 1984 年搬到南纬路直到 21 世纪初，总感处在“忙碌状态”。尽管 1996 年朱晓东已从院长的岗位上退下来，1997 年吴锡桂也退休，但仍感任务多、压力重，好像未因“下岗”而轻松一些。回想朱晓东当主任、院长时，吴锡桂也被调到流行病研究室当主任的那 10 年，常感困难重重。朱晓东关心医院的建设、外科的发展、手术的质与量、国家“攻关”项目完成的好坏等事情，总在揪着心似的。自 1985 年中美心血管和心肺疾病流行病学合作研究开始时，吴锡桂已是流行病研究室的主任。吴锡桂学习和引进了中美合作的研究方法，组织了我国不同地区 10 组人群高血压、冠心病及脑卒中发病危险因素对比研究的“攻关”课题。这下麻烦就来了。因为大家都未干过这样大的课题，协作单位多是临床人员，很少懂得流行病。吴锡桂不得不带着团队人员三天两头地下基层，到现场去检查和指导工作。这时朱晓东忙着做手术、看病人，还忙着到协作网点去培训医生，帮助他们开展

互为精神支柱

新的手术。这时家里常唱“空城计”。因为儿子已在国外，女儿也出嫁，谁出差回来，家里常是冷屋冷灶。吴锡桂还可以自己开火做饭，可朱晓东回来多是方便面充饥。当时电话还不方便，更无手机，许多麻烦、不便、牵挂与思念也无法交流，埋怨、心烦免不了伴随而生。当我们两人都在家时，又都抢时间干自己的工作，如电话响了谁去接？虽是家务小事，但因相互推诿也会带来不快。朱晓东有时不得不叹口气说：“谁叫两个教授碰在一起？总得有一个人做点牺牲才行啊！”这句话提醒了“梦中人”。吴锡桂回想住在甘家口的20多年，一直支持丈夫的工作，让他专心于业务，而他也不是懒惰、不体贴妻子，家里的技术活不还是他干得多吗？此时，两人都重视了家的矛盾，双方常换位思考，多想对方的难处，也调整家庭生活的程序，使之条理化、简单化。这样使一些矛盾逐渐得以解决，使家溢满温馨、和谐的气氛，保证了朱晓东安心于工作，吴锡桂也练就了“能上讲堂、能下厨房”

金婚与儿女们在一起

的一些本领吧！

危病时刻显真情

我们都在阜外医院工作了60多年，在同事们心目中是健康的那一群。尤其是朱晓东，总是精力充沛，看上去比他实际年龄显得小。吴锡桂则总是给人胖乎乎、笑眯眯的印象，是一个乐观派。但在我们的既往病史里各有三次危重的疾病，这给我们留下不可忘却的记忆。

1987年前后，朱晓东因牙病感染得了败血症，当天发烧体温37.8度，吴锡桂劝他在家休息一天。他说不行，那天他有手术，还有日本外宾要接待。下午两点半左右，室里同事慌慌张张地传给吴锡桂一个电话，只说朱主任在八病房抢救，让快去……

吴锡桂一边快跑上楼，心里还直诧异，心想："他抢救病人叫我去干啥？"当跑到八病房门口时，已有一位护士在门口等着，吴锡桂一进病房走廊就看到紧张忙乱的气氛，一些病人站在病房门口张望，看着护士们推着急救车，拿着点滴瓶向着护士值班室来回跑着，脸上露出焦急的神情。一位大夫拉着吴锡桂的手说："吴主任你先别着急，朱主任正在被抢救。"这时才明白电话要告诉的是"朱晓东在被抢救，不是他在抢救病人"。吴锡桂走进病房，看到的是一个体温已达温度计顶点、呼吸急促、双眼紧闭、面色潮红、深度昏迷的危重病人。吴锡桂被这突如其来的现实吓傻了，一句话也说不出来。一边看着护理记录，一边听着护士长告诉病情说：上午朱主任做完手术，说他不想吃饭，还未脱下手术衣，就去四楼会议室接待外宾。当他向大家介绍过外宾后，他们开始座谈。大约过了几分钟，朱晓东全身发抖越来越厉害了，同事们看见他跌跌撞撞地向八病房走去，走到护理站对面有一空床时，便一头栽在床上再也起不来。大家连忙给他输液、吸氧、试表、测血压等抢救措施。这时朱晓东却困难地说了两句话："给我用点激素！快把吴锡桂大夫给我叫来！"说完便昏迷不醒。吴锡桂到床边摸着他的脉搏时，他啥也不知道，好在他在昏迷前说了两句极普通但很关键的话，一是提醒他认为他要用的关键药物，二是他要他最亲密的人在他身边。经过有关治疗，加上强度物理降温，到深夜体温慢慢降低了一些，神智也清醒过来。可到第二天，体温又高达38—39度。下午病房请协和医院传染病专家王爱霞教授来会诊。她根据血培养的结果，诊断为金黄色葡萄球菌引发败血症，选择效果最好的抗生素。果然第三天体温逐渐下降，第五天他向陈英淳大夫询问病房病人的手术情况。第六天恰是周末他出院了。当下一个周一来临时，他又穿上手术衣，进了手术室。

这次败血症是吴锡桂认识朱晓东40年来第一次发生这么危

重的疾病。此前，几乎未想过他也会得某种严重的疾病。此后，吴锡桂不仅对他的健康注意和关心，更体会到夫妻之间互为精神支柱的重要性。其次体会到的是，病人对大夫的感激多数是情真意实的。王爱霞教授与朱晓东同住一个家属院，自她治好朱晓东的病后，我们对她充满敬佩与感激。在院里路上只要碰上王教授，朱晓东都会连忙从自行车上下来与她打招呼，说几句感激或问候的话。两年以后王教授搬走了，但对她的感激之情至今未忘。通过这件事，也提高了我们作为大夫的责任心，更加激发我们珍惜自己救死扶伤的神圣责任感。

大约也是在 20 世纪 80 年代末期的一个星期天，我们到西单赛特买文具。当我们在商场地下室选购商品时，吴锡桂突然感到有些头晕、恶心，几分钟后开始支持不住了，告诉朱晓东不舒服。朱晓东看吴锡桂脸色不好，便提议去五楼，因为那儿是“食品街”，可以坐下休息。到了那里，当他买回食品时，吴锡桂已躺在一条窄窄的凳子上，脸色苍白地出着冷汗、脉搏弱、频率快。他一看急了，忙找服务员问商场有无医务室，回答否。那时电话还未普及，尚未听说过手机，好不容易在商场办公室借用电话，打到医院急诊室。幸亏那时街上车不多，医院救护车很快就开到了。医生测量血压过低，护士赶快给输液用上升压药；再描一个心电图，ST 段明显下移，T 波深深倒置，初步考虑冠脉急性缺血伴有轻度休克，不除外有内膜下心肌梗死，很快送到医院监护病房……陶院长、陈在嘉等教授都极为关心，很庆幸，入病房后不久血压很快恢复正常。两小时后心电图只剩 ST 段稍有下降，当天与次晨的心肌酶都在正常范围。此次发病突然，病情很危急，幸亏我们同行，以他的医学知识，沉着冷静地让吴锡桂及时得到救治，同时也幸亏有这么好的医疗条件，对阜外医院的老师和同事们充满感恩之心。

我们还有几次大病，例如，朱晓东肺炎和顽固鼻衄，吴锡桂有过一次过敏性喉痉挛引发窒息和另一次心源性晕厥，都多亏了及时得到医院救治才得以脱险。我们不仅感谢医院和同事们，同时也加深了我们夫妇间的患难之情。

十二、欢聚老同学老朋友，共享友谊情

吴锡桂的初中密友

当吴锡桂在武汉读女校初中时，班上同学都很活跃。不知什么时候开始，班上同学分成几拨。一拨是家境条件较好的，她们喜欢上英语课，课间休息时喜欢唱英文歌，放学后三两同学相约去看原版英语电影，如《飘》《出水芙蓉》等。另一拨则喜欢数学和语文，平时显得“呆板”，吴锡桂就是其中的一个。吴锡桂和被那些活跃同学称为“老夫子”的石裕纹、沈佩珊三人，因喜爱比较相投，成为无话不谈的好友。三人上学时相约一起来，放学时一起回家。当然，功课也常相帮，也就成为如今所称谓的“闺蜜”吧！到1949年初，武汉处在解放前夕，学校已有地下党员，一位教历史课姓杜的女老师，在上课时给大家讲什么叫阶级，什么叫剥削。还带学生到武汉大学去看进步学生演的“九件衣”“血泪仇”，组织同学们制备小红旗、写大标语准备迎接解放军进城。这些活动使吴锡桂接受了一些进步思想，对在1950年末参加抗美援朝起了不小的作用。1949年秋天，由于家庭原因，三人分别上了不同的高中，之间的联系越来越少了，后来20多年没有音信。直到20世纪80年代中期，一个偶然的机会，吴锡桂在医院看门诊时遇上初中同学俞圆圆，当时她在北京一所大学

老同学毕业后60年欢聚。自左向右前排张志、刘义松、张国华、张中兴，后排夏国珠、王瑞芳、刘建立、吴锡桂、徐涛

教英文，由她牵线找到另外两位家住北京的同班好友石裕纹和沈佩珊。很快，四人相聚后，高兴极了。但不幸的是牵线人俞圆圆在90年代初期故去，大家为离去的老友悲痛，同时更珍惜活着人的友谊。特别是到20世纪末大家都退休，更方便联系、聚会或郊游。聚会时常带着武汉的特产，或是做的拿手菜肴，大家一边吃着，一边说着60年前的往事，十分得意。2011年国庆节，吴锡桂等三人在一家饭店聚餐，三位白发苍苍的老太太还谈笑风生地吃着、喝着，说着60年前的往事情景。不料，这还引起邻桌四位年轻顾客的注意，不经意间聊了起来，得知是60年的老同学聚会，便说他们也是10年的老同学，从天津等地来北京聚会。还好奇地问年龄、职业，回答说：三人加起来整整240岁，退休前一个是教师，一个是医师，还有一个是工程师。四个年轻人举杯送上祝福。

参加老同学聚会

2000年前，吴锡桂和同学们常组织在京的同学聚会，还请他们的老校长季仲璞教授参加。2000年秋天，北京同学曾组织全国的同班同学来北京相聚。这是哈医大毕业40多年后二期的同学首次相聚，有些同学是毕业后40多年来第一次见面。大家既激动、又感慨，虽然都是白发老者，但心境又回到20多岁时的青春状态，说不完的离别思念，道不尽的酸甜苦辣，直说希望10年后能再有一次这样的相聚。可惜多因健康原因，使我们未能如愿。庆幸2011年7月，我们组织部分同学回到母校——哈尔滨医科大学，参观母校，看望老师们。事后，同来学校参观的李云凤同学给校刊投了一篇稿，她写道："虽然只有短短三天，但对阔别多年的我们，同窗六载后直到暮年重见确是永生难忘。三天！

毕业后55年重访母校哈医大

珍贵的三天！当我们这群来自武汉、昆明、成都、杭州、潍坊和北京的校友们刚跨进校门，看见‘热烈欢迎哈医大本科二期同学返校参观访问’的巨幅横联时，我们的心情无比激动。当我们看见学校致知楼前的花坛依旧繁花似锦，文庙典雅的黄瓦红墙；昔日我们毕业离校所铸的李时珍塑像依旧昂然挺立时，我们几十个人顿时百感交集，心潮澎湃，慨叹不已，有的已禁不住热泪盈眶。可曾记得六十年前在严寒元月，哈尔滨医科大学受军委代培委托，接受我们这拨 17—18 岁、从遥远的鄂、湘、豫、沪坐了三天三夜的火车的四百位青年人，投入你温暖的怀抱。此后，我们生龙活虎般的身影，朝朝暮暮朗读声，使校园里增加了火热的青春旋律。我们冬日到大礼堂上大课，皮靴的整齐踏冰声打破了南岗清晨的宁静……那时候，我们常在霁虹桥遥看绚丽朝霞，在松花江踏冰嬉戏，欢声笑语犹在耳边。感谢众多卓富学识资深教

母校哈医大杨宝峰校长和朱晓东

授们的教诲，校党委和班级指导员按军委指示，用培养军人的标准严格要求我们。爱祖国、有理想、守纪律、讲团结，日复一日地亲切哺育栽培我们心身的成长，使我们成为新中国的建设者，国防保卫者的军医。最后参观校史馆，尤使我们珍重难忘。我们看到了母校如何从战火纷飞的年代，经受磨难，步入现代化高等学府的历程，展出母校培养出的一些杰出人员、知名学者和先进工作者，其中也包括我们二期的优秀专家、院士、文职将军、国务院政府特殊津贴获得者等数十幅照片。我们二期同学分布在全国各地。尽管环境条件、经历机遇各不相同，但全体同学没有辜负母校的培育和师长的教诲，在各自不同岗位为国家、人民、军队做出了应有的贡献。母校一直在注视我们这些学子的努力和成长，我们也没忘记感恩母校的培养。”

如今我们老了，每到节日为朋友和同事间能互致问候感到十分欣慰。

结束语

我们这一代人在新中国成立初期与共和国同甘共苦，条件差，工作累，工资低，负担重；但我们这一代人也很豪迈，心胸宽阔，勤勤恳恳，吃苦耐劳，淡泊名利，无怨无悔地奉献一生。我们的晚年是幸福的，参与了改革开放的进程，也分享了改革开放的成果。国家为我们提供了诸多的物质条件使我们能自由自在地欢度晚年。现在，老友相聚或电话问候时谈得最多的也是如何过好每一天。为此我们转变了一些传统的观念，接受科学的价值观，选择健康的生活方式，做自己喜欢做的事。

饮水思源，我们是共和国培育的第一代本科医生。老一辈共产党人和解放军的传统教育，哈尔滨医科大学和北京协和医院的培养，祖国强大的基本环境的提升，才使得我们能够成为有用的人，才能过上幸福的晚年生活。我们是阜外医院的同龄人，也是新旧社会对比的体验者，见证了祖国经历过的磨难与曲折、流血与牺牲，才有了一个今天被全世界敬佩的中华人民共和国。我们为自己是中国人而自豪，我们更爱自己的祖国。

朱晓东院士资料

一、大事记

1950 年

抗美援朝参军，进入哈尔滨医科大学军医班。

12 月 23 日，从开封高中二年级报名参军成为军事干校学员，离家前父亲赠言。

1956 年

哈尔滨医科大学本科毕业，被授予中尉军衔、副连级。

8 月 13 日，入党。

1957 年

解放军胸科医院住院军医。

到上海二军大进修。

1958 年

解放军胸科医院集体转业，更名为阜外医院。任住院医生。

1962—1965 年

考取协和医大研究生，读医科院研究生，导师侯幼临，论文《半体循环心脏直视手术的体液酸碱平衡》。

1966—1973 年

1968 年，参加赴青海牧区医疗防疫队。

“文革”中坚持医疗业务。

1974—1975 年

到英国利兹市 The Infirmary at Leeds、伦敦市 The Hospital for Sick Children 留学。

1976 年

7 月 22 日，自行研制的牛心包生物瓣为患者徐绍武行主动脉瓣替换术，该患者左心衰，严重主动脉瓣关闭不全。手术主刀，郭加强主任和陈英醇大夫协助。这是我国首例牛心包瓣临床应用成功。

1980—1981 年

在澳大利亚 Sydney 留学。

在 St. Vencent’s Hospital 师从 Victor Chang（张仁谦）。

1984—1988 年

任阜外医院心脏外科主任。

1989 年

8 月，陪送赛福鼎副委员长去夏威夷做心脏手术，顺利完成任务。

1990 年

访问苏联。

10 月 16 日，参观莫斯科 Bakulev 研究所。这个研究所相当于医科院的阜外医院。当天有 17 台心脏手术，全年体外循环心脏手术 1500 例。

10 月 17 日，和胡小琴分别作学术报告，又洽谈了与阜外的合作意向，赠 Burakovsky 一部他本人的专著《心脏外科学》。

10 月 23 日，参观器官移植研究所。

10 月 25 日—11 月 5 日，在新西伯利亚病理研究所参观手术。

1991 年

11 月 6—9 日，举办阜外心脏外科 35 周年学术研讨会，邀请到全国老一辈专家和各大心脏中心学科带头人，美国权威 Dr. Waiton Lillehei 夫妇参会。会议消除了阜外的傲气，改善了和上海、广东同道的关系。

1992 年

2 月，任中国医学科学院阜外医院与心血管病研究所院所长。

1993 年

12 月 27 日，中国医科院授予“中国医学科学院、中国协和医科大学名医称号”。

心脏外科 50 例 Marfan 氏综合征主动脉手术，无死亡。

获医科院一等奖。

1996 年

2 月，当选为中国工程院院士。

5 月 16 日，当选为中华医学会胸心血管外科分会第四届主任委员。

1999 年

11 月，任“武汉亚洲心脏病医院”首任院长。

2002年

兼任北京协和医院心脏外科主任。

2004年

10月14日，主办“世界心胸外科医师国际会议”。WSCTS（World Society of Cardio-Thoracic Surgeons）国际论坛每年在不同国家召开，今年在北京主办，朱晓东是Chairman，明年在立陶宛Virnius召开，朱晓东是President。Donten Cooley、J.Wada、Jarosluv Stark等1000余人到会，会议取得圆满成功。

2005—2006年

任广东东莞康华医院首任院长。

2007年

朱晓东、张宝仁主编的《心脏外科学》由人民卫生出版社出版。

2011年

朱晓东著《心脏外科解剖学》由人民卫生出版社出版发行。

二、各类社会职务

学术委员会成员：

1985— 中国医学科学院学位委员会委员

1988—1990年 Active Member of International Society of Surgery

1994—2003年 Active Member of International Society of Cardiothoracic Surgeons（ISCTS）

1994—2011 年　中华医学会第 21、22、23 届理事会理事

1996—2006 年　中华医学会胸心血管外科分会第四、五届主任委员，第六届名誉主任委员

1996—2001 年　卫生部继续医学教育委员、外科组成员

1997—1999 年　卫生部第四届全国卫生标准技术委员会委员、分委副主任

评审委员会委员：

1999—　中国工程院管理科学与工程委员会委员，2006 年为工程管理学部常委

2000—2008 年　Member of "The Society of Thoracic Surgeons"（STS）USA

2003 年　2003 年度新世纪百千万人才工程国家级人选评审委员会评委

2004 年　Active Member of World Society of Cardio-Thoracic Surgeons（WSCTS）Chairman—2004

2007 年　国家科学技术进步奖评审专家

2007—2009 年　北京市医疗器械评审专家委员会主任委员

1998—2000 年　中华人民共和国卫生部医药卫生科学技术进步奖第五届评审委员会委员

技术顾问：

1985—1987 年　北京医科大学心脏外科客座教授

1986—1988 年　解放军总医院心脏外科技术顾问

1987—1992 年　解放军海军总医院心脏外科技术顾问

1990—1992 年　解放军空军总医院心脏外科技术顾问

1997 年　汕头医学院名誉教授

1998 年　河南省人民医院名誉院长

1999—　中国生物医学工程学会顾问

2000—　广东省心脏病研究所荣誉教授

2001—　河南省焦作市卫生科技顾问

2002—2005年　中南大学湘雅医学院二院首席科学家

2002—　郑州第七人民医院名誉院长

2002—　开封市人民政府顾问

2003—2006年　武汉大学兼职教授（心脏外科）

2004—2005年　山东济宁医学院附属医院名誉院长

2004—2008年　青岛市STARR-WOOD心脏病医院名誉院长

2005—2008年　昆明延安医院心血管病医院名誉院长

2008—　武汉科技大学特聘教授、武科大医学院名誉院长及“亚洲医学中心”主任

2009—　郑州市儿童医院名誉院长

2010—2011年　郑州弘大医院名誉院长

杂志编辑：

1992—1998年　中国循环杂志主编

1994—1997年　中华胸心血管外科杂志副主编

1998—　中华胸心血管外科杂志总主编

1995—2005年　中华医学杂志（第22届）编辑

1995—2005年　Chinese Medical Journal 编委

1996—　中国胸心血管外科临床杂志编委

1997—2004年　Editor，Asian Cardiovascular &Thoracic Annals

2002年　全国高等学校医学规划教材（外科学）编委

2004—　The Lancet“柳叶刀中文版”杂志编委

2004—　中华现代儿科学杂志常务编委

2005—　中国体外循环杂志名誉主编

三、主要奖项

1980 年 11 月　卫生部科学技术成果奖（甲）级（朱晓东、郭加强等：生物瓣的临床应用）

1987 年 7 月　国家科技进步奖三等奖，排名第 1，证书号：医 -3-030-01（朱晓东、郭加强等：BN 型生物瓣及临床应用）

1989 年 9 月　国家计委、科委、财政部颁发——集体荣誉证书，证书号：75-62-02-35（朱晓东、郭加强等：新型人工瓣的研制与临床应用）

1992 年 11 月　国家级科技进步二等奖，排名第 2，证书号：医 -2-010-02（郭加强、朱晓东等：人工心脏置换与法洛四联症右室流出道重建技术及其推广）

1993 年　卫生部科技进步三等奖，排名第 2（郭加强、朱晓东等：CABG 手术）

1995 年 4 月　国家科技成果完成者证书，排名第 2，证书号：942821（金磊、朱晓东等：人工生物心脏瓣膜钙化机制与抗钙化的实验研究）

1996 年 7 月　卫生部科技进步三等奖，排名第 2，证书号：96308182（胡盛寿、朱晓东、肖明等：巨大心脏瓣膜置换患者的临床分型及远期疗效的随访研究）

1996 年 7 月　卫生部科技进步三等奖，排名第 4，证书号：96300504（吴信、胡宝莲、刘平、朱晓东等：IABP 技术的临床应用及其推广）

1997 年 12 月　国家科学技术发明三等奖，排名第 1，证书号：15-3-002-01（朱晓东、郭加强等：Perfeot 生物瓣）

1998 年 9 月　卫生部科技进步二等奖，排名第 3，证书号：98200402（刘迎龙、吴清玉、朱晓东等：3 个月至 5 岁法洛四联症患儿根治术的结果及高危因素分析）

1999 年 12 月　国家科技进步三等奖，排名第 3，证书号：15-3-018-03（提高法洛四联症根治术疗效及高危因素分析的临床研究）

2001 年 12 月　北京市科学技术进步二等奖，排名第 3，证书号：2001 医 -2-018-04（吴清玉等：1110 例冠状动脉搭桥术的临床研究）

2002 年 12 月　中华医学科技二等奖，排名第 4，证书号：200202260P1008（刘迎龙等：提高婴幼儿重症先天性心脏病外科疗效的临床与实验研究）

2002 年 12 月　中华医学科技一等奖，排名第 4，证书号：200201262P1515（孙立忠等：胸主动脉瘤外科治疗新技术的临床应用研究）

四、主要论著

专著 3 部：

朱晓东：《心脏外科基础图解》，人民卫生出版社 1980 年版。

朱晓东：《心脏外科基础图解（第二版）》，中国协和医科大学出版社 2002 年版。

朱晓东：《心脏外科解剖学》，人民卫生出版社 2010 年版。

主译 1 部：

朱晓东主译：《先天性心脏病外科学》，人民卫生出版社 1996 年版。

主编 2 部：

朱晓东、薛淦兴主编：《心脏外科指南》，世界图书出版社 1990 年版。

朱晓东、张宝仁主编：《心脏外科学》，人民卫生出版社 2007 年版（入选 2008 年国家新闻出版总署原创图书出版工程）。

参编 10 部：

朱晓东：《心导管检查，心室间隔缺损》，见吴英恺主编：《胸部外科》，人民卫生出版社 1974 年版。

朱晓东：《大动脉错位》，见顾恺时主编：《胸心外科手术学》，人民卫生出版社 1993 年版。

朱晓东：《成人先天性心脏病》，见方圻主编：《现代内科学》，人民军医出版社 1995 年版。

朱晓东：编委成员，见郭加强主编：《心脏外科技术图谱》，浙江科技出版社 1995 年版。

朱晓东：《冠状动脉手术》，见石美鑫主编：《胸心外科手术图解》，江苏科学技术出版社 1996 年版。

朱晓东：《心脏瓣膜外科》，见胡小琴主编：《心血管麻醉及体外循环》，人民卫生出版社 1997 年版。

朱晓东等：《主动脉瓣外科（第 55、56、60 章）》，见兰锡纯、冯卓荣主编：《心脏血管外科学（第二版）》，人民卫生出版社 2002 年版。

朱晓东、张怀军：《心脏疾病》，见郑树森主编：《外科学》，高等教育出版社 2004 年版。

朱晓东等：《胸部创伤》，见王正国主编：《创伤学：基础与临床》，湖北科学技术出版社 2007 年版。

朱晓东：胸心外科分编负责人，见郑树森主编：《外科学（第二版）》，高等教育出版社 2011 年版。

第一作者发表代表性论文 31 篇：

1. 朱晓东，胡旭东，侯幼临： 房间隔缺损的解剖类型和分

型诊断 . 中华外科杂志 1963，11：41.

2. 朱晓东：1）低温，半体循环下心内手术病人的血液酸碱变化 . 2）血液酸碱度指标的临床意义与限度 . 中国医学科学院协和医科大学研究生毕业论文集 1965.

3. 朱晓东，郭加强等：1）生物瓣置换 76 例的临床报告 . 2）北京生物瓣的血动力学性能研究 . 卫生部，七机部：全国生物瓣鉴定会汇编 1979.

4. 朱晓东，尚华：人造心脏瓣膜的发展及临床应用——回顾与展望 . 北京医学情报 1983，4：9.

5. 朱晓东，乐效辉，郭加强：经左房——主动脉联合切口施行双瓣替换术 . 胸心血管外科杂志 1985，1：83.

6. 朱晓东，乐效辉，郭加强等：用特制金属环治疗主动脉根部瘤（4 例报告）. 胸心血管外科杂志 1986，2：141.

7. Zhu Xiaodong, Guo Jiaqiang, Chen Yingchun, Tang Chengjun and Xue Ganxing: Ten-year Experience with Pericardial Xenograft Valves. J. Thoracic Cardiovasc Surg, 1988, 95: 572-576.

8. 朱晓东，刘迎龙，萧明弟等：二尖瓣替换术后相对性心动过缓 . 中国循环杂志 1988，3：145.

9. 朱晓东，郭加强，萧明弟，唐承君：心脏瓣膜再次替换术 . 中国循环杂志 1989，4：10.

10. 朱晓东，刘迎龙，萧明弟，郭加强：新型人工机械瓣（GK 瓣）的临床应用 .102 例二尖瓣替换术的初步报告 . 中国循环杂志 1989，4：222.

11. Zhu Xiaodong, Guo Jiaqiang, Xiao Mingdi and Tang Chengjun: Surgical Considerations of Re-do Valve Replacement. proc. CAMS and PUMC, 1990, 5: 1-3.

12. 朱晓东，王亚清，李立川，刘迎龙，萧明弟：北京 G-K 型人工心脏瓣膜行二尖瓣替换后 4 年结果 . 北京生物医学工程

1990，9：23.

13. 朱晓东，沈宗林，胡盛寿：儿童主动脉弓中断一期手术的新方法 . 中华胸心血管外科杂志 1990，6：187.

14. 朱晓东：二尖瓣替换手术的技术困难 . 中国循环杂志 1990，5：421.

15. 朱晓东：各类人工心脏瓣膜临床应用动向 . 中国循环杂志 1991，6：169-172.

16. 朱晓东，尚华：心血管外科 . 中华医学杂志 1992，72：716-717.

17. 朱晓东，尚华：心血管外科 . 中华医学杂志 1993，73：719-720.

18. 朱晓东，宋云虎，郭加强等：主动脉根部瘤的外科治疗 . 中国循环杂志 1993，8：282.

19. 朱晓东，胡宝莲，樊朝美，孟宪强：左室流出道肌性梗阻的外科治疗 . 中国循环杂志 1993，8：664.

20. 朱晓东，萧明弟，罗军等：二尖瓣替换术后 9 例左室破裂 . 中华胸心血管外科杂志 1994，10：17.

21. 朱晓东，吴信，尚华等：心内膜心肌纤维化病的 外科治疗 . 中国循环杂志 1994，9：158.

22. 朱晓东，萧明弟，罗军，薛淦兴等：人工心脏瓣膜替换术后瓣周漏 18 例 . 中华胸心血管外科杂志 1994，10：106-108.

23. 朱晓东，宋云虎，吴清玉，萧明弟：乳内动脉—冠状动脉旁路移植术——68 例外科技术探讨 . 中国循环杂志 1994，9：644-647.

24. Zhu Xiaodong, Wang Yaqing, Wu Xin: The Medtronic-Hall Prosthetic Heart Valve, Ten-year Experience. Cor Europaen, 1994, 3（3）：134-136.

25. Zhu Xiaodong, Sun Hansong, Wu Qingyu, Xiao Mingdi and

Liu Yinglong: Surgical Repair of Corrected Transposition of the Great Arteries with Cardiac Anomalies: A Report of Fifty-three Cases. Asian Cardiovascular & Thoracic Annals, 1996, 4: 18-22.

26. 朱晓东，吴洪斌，胡盛寿，胡宝莲：肥厚性梗阻型心肌病的外科治疗 . 中华胸心血管外科杂志 .1997，13 ：73-75.

27. 朱晓东：中国心脏外科的现状与发展趋势（日文）. 日中医学 1997，12 ：7-12.

28. Zhu Xiaodong: Minimally Invasive Cardiac Surgery in China. (Editorial) Ann. Thorac Cardiovasc Surg, 1998, 4: 5-6.

29. 朱晓东，孙寒松，吴清玉等：心脏房室连接异常的病理解剖与外科手术 . 中华胸心血管外科杂志 1998，14 ：129-32.

30. 朱晓东：我国微创心脏外科发展的思考 . 中华医学杂志 2004，84 ：531.

31. 朱晓东：我国心脏外科发展趋势的思考 . 中华外科杂志 2006，44 ：73-75.

另外，朱晓东作为主要参加者发表论文 62 篇。

责任编辑：侯　春　吴广庆
装帧设计：徐　晖

图书在版编目（CIP）数据

朱晓东传：共和国培育我成长 / 吴锡桂，朱晓东 著 . — 北京：人民出版社，2023.9
（中国工程院院士传记丛书）
ISBN 978 – 7 – 01 – 025404 – 3

I. ①朱…　II. ①吴… ②朱…　III. ①朱晓东 – 传记　IV. ① K826.2

中国国家版本馆 CIP 数据核字（2023）第 023730 号

朱晓东传

ZHUXIAODONG ZHUAN

——共和国培育我成长

吴锡桂 朱晓东　著

人民出版社 出版发行
（100706　北京市东城区隆福寺街 99 号）

北京汇林印务有限公司印刷　新华书店经销

2023 年 9 月第 1 版　2023 年 9 月北京第 1 次印刷
开本：710 毫米 ×1000 毫米 1/16　印张：11.75
字数：150 千字　插页：4

ISBN 978 – 7 – 01 – 025404 – 3　定价：50.00 元

邮购地址 100706　北京市东城区隆福寺街 99 号
人民东方图书销售中心　电话（010）65250042　65289539